Markus Hiermer

Revit Familien-Editor

Contenterstellung leicht gemacht

Link zum Datendownload:

http://www.maxcad.de/downloads/data_FT_2015.zip

© 2015 Markus Hiermer

1. Auflage 2015

Herausgeber: Markus Hiermer

Autor: Markus Hiermer

Umschlaggestaltung, Illustration: Markus Hiermer

Umschlagbild Gebäudeentwurf: Architekturbüro Krabath, Salzburg

Lektorat, Korrektorat, Layout: Justina Hiermer

Verlag: tredition GmbH, Hamburg

ISBN: 978-3-7323-5786-4

Printed in Germany

Bibliografische Information der Deutschen Nationalbibliothek:

Die Deutsche Nationalbibliothek verzeichnet diese Publikation in der Deutschen Nationalbibliografie; detaillierte bibliografische Daten sind im Internet über http://dnb.d-nb.de abrufbar.

Holen Sie sich Informationen rund um Revit Architecture aus dem Internet:

MAXCAD

E-Mail: info@maxcad.de

www.maxcad.de

Inhalt

1

Einführung

Dieses Skript ist der zweite Teil der Revit-Lehrbuch-Reihe des Autors Markus Hiermer. In diesem Skript wird ausschließlich die Erstellung von Bauteilen über den Familieneditor behandelt. Es wird vorausgesetzt, dass grundlegende Kenntnisse des Programmes schon vorhanden sind. Sollten Sie auf unbekannte Begriffe stoßen, so können Sie einfach den Befehl über die Revit-Hilfe-Funktion nachschlagen oder (... noch besser) den Grundlagenteil konsultieren.

In diesem Tutorial wird Schritt für Schritt gezeigt, wie man parametrische Bauteile erstellt, angefangen von einfachen Abhängigkeiten für die Größe eines flexiblen Bauteiles, bis hin zu komplexen verschachtelten Baugruppen und deren Auswertungen mit Hilfe von Bauteillisten und Formeln. Mit Hilfe des in diesem Buch vermittelten Wissens, können individuelle Bauteile bzw. Bibliotheken eigenständig erstellt werden, die die Arbeit in Revit enorm erleichtern.

1.1 Hinweise zur Benutzung des Buches

1.1.1 Symbole

In diesem Handbuch werden einige Symbole und Schreibweisen wiederholt angewandt, um eine übersichtliche Gestaltung zu erreichen. Hier werden diese Elemente kurz vorgestellt, damit Sie sich in den folgenden Kapiteln schnell zurechtfinden.

 Zeichnung aus dem Datensatz laden: Zu jedem Kapitel ist im Download-Datensatz eine entsprechende Zeichnung vorhanden. So können Sie jederzeit ihr eigenes Ergebnis kontrollieren

 Achtung: Fehlerquelle! Typische Fehler werden hier gezeigt und gegebenenfalls auch deren Lösung!

 Hinweise: Hier werden nützliche Hinweise zum Umgang mit dem Programm gegeben.

 Tipps: Hier werden Tipps und Tricks zu den jeweiligen Themen beschrieben.

1.1.2 Schreibweisen zur Navigation

Menü Browser und Befehle

Mit der neuen Oberfläche von Revit 2010 wurde auch der Menübrowser neu eingeführt. Klicken Sie auf den R - Button links oben in der Bildschirmecke, um in den Menübrowser zu gelangen. Befehle, die über den Menü-Browser zu erreichen sind,  werden hier im Buch mit Kapitälchen dargestellt.

Beispiel: MENÜ ÖFFNEN | PROJEKT

Befehle, die über einen Button aufgerufen werden, werden mit derselben Schreibweise gekennzeichnet. In der Regel wird auch mit angegeben, wo der Befehl in der Entwurfsleiste zu finden ist.

Beispiel: Rufen sie in der Rubrik START den Befehl WAND auf.

Dateien

Im Datensatz zum Buch befinden sich verschiedene Projekt- bzw. Hilfsdateien zum Programm. An verschiedenen Stellen können Sie diese Dateien laden, um direkt einsteigen, oder um besondere Inhalte begutachten zu können. Wenn möglich, wird auch das entsprechende Grafik-Symbol mit dargestellt.

Beispiel:

 Laden Sie die Datei Schritt 1 aus dem Datensatz.

Tasten auf dem Keyboard

Sondertasten der Tastatur werden fett dargestellt, z.B. Enter .

Abkürzungen

RMT = Rechte Maustaste

QAT = „Quick Access Tabbar" oder Schnellzugriffsleiste

TK = Tastaturkürzel

Hinweis: Die Tastaturkürzel sind »Abkürzungen« der Befehle. Viele CAD-Konstrukteure schwören aufgrund der Zeitersparnis auf diese Eingabe über die Tastatur.

Auch ich benutze die Kürzel gerne und werde sie auch immer wieder wiederholen, damit Sie sich diese gut einprägen können, denn in der Tat erleichtert das die Arbeit ungemein.

Die Kürzel können auch individuell belegt werden, ich beziehe mich hier auf ein eigenes Set, nicht auf die englische Standardbelegung nach der Installation. Um dieselben Kürzel verwenden zu können, laden Sie sich bitte das Set maxcad_standard.xml über das Menü in den OPTIONEN wie unten dargestellt ins Programm.

Tipp: Die xml – Datei können Sie unter *www.maxcad.de* bei „Tipps und Tricks" herunterladen.

Alle

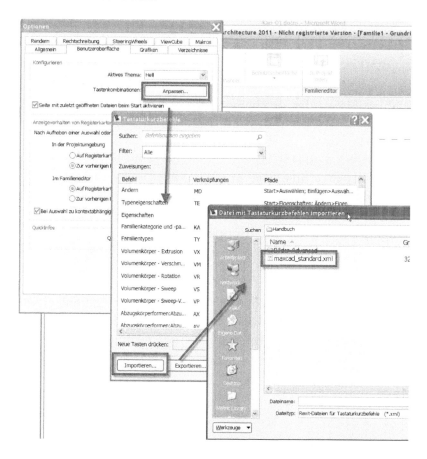

Tastaturkürzel werden ohne Bestätigung Enter eingegeben, das heißt, tippen Sie beispielsweise ww ein, so wird sofort der Befehl "WAND" aktiviert!

 Vor der Version 2011 benötigen Sie für die Tastaturkürzel die Datei Keyboardshortcuts.txt, die in den Ordner "Program" im Installationsverzeichnis eingefügt werden muss.

 Alternativ können Sie die Tastaturkürzel auch über die Rubrik ANSICHT | BENUTZEROBERFLÄCHE erreichen.

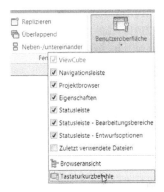

Wählen Sie in der erscheinenden Dialogbox die Option BESTEHENDE EINSTELLUNGEN FÜR TASTATURKURZBEFEHLE ÜBERSCHREIBEN aus, um nur die deutschen Kurzbefehle zu erhalten. Andernfalls könnten einige Befehle doppelte Belegungen enthalten.

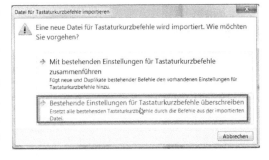

Neu in der Version 2011 ist der Befehl LETZTEN BEFEHL WIEDERHOLEN. Man kann diese Funktion mit der Betätigung der Enter-Taste erreichen, zweimal Enter wiederholt den vorletzten Befehl!

1.2   Zeichenoberfläche

Überblick über die Zeichenoberfläche mit den dazugehörigen Bezeichnungen der einzelnen Bereiche:

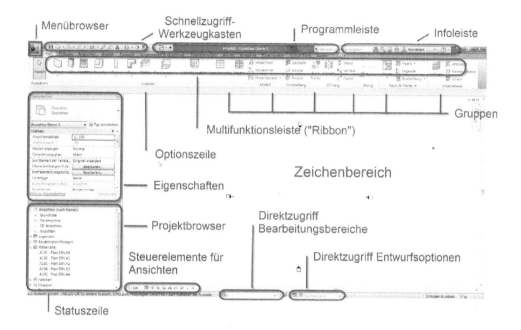

Generell haben die Entwickler aufgrund der Userwünsche die Symbole mit weniger Text versehen und so nochmals mehr Informationsgehalt in die Ribbons gebracht. Die grundsätzliche Struktur hat sich dabei nicht geändert. Lediglich in der Gliederung der kontextabhängigen Rubrik wurde die Symbolanordnung etwas mehr verändert, damit die Anordnung insgesamt ruhiger wirkt und nicht so sehr „springt".

1.2.1   Begriffe der Benutzeroberfläche

In der **Programmleiste** finden Sie den derzeit aktuellen Namen des Projekts.

Im **Menü - Browser** sind einige nützliche Befehle enthalten wie z.B. ÖFFNEN und SPEICHERN. Klicken Sie auf das „R" - Symbol um in das Menü zu gelangen.

Im **Schnellzugriff - Werkzeugkasten** (QAT) sind häufig wiederkehrende allgemeine Befehle enthalten, wie ÖFFNEN/SPEICHERN. Der QAT kann individuell mit Befehlen ergänzt werden:

Klicken Sie dazu mit der RMT auf einen Befehl und wählen Sie aus dem Kontextmenü den Eintrag ZUM SCHNELLZUGRIFF - WERKZEUGKASTEN HINZUFÜGEN

Über die **Infoleiste** erreicht man schnell verschiedene Hilfsfunktionen. In der Textleiste können z.B. direkt Suchbegriffe eingegeben werden. Für die Umsteiger von älteren Versionen dürfte hier besonders der Eintrag WO BEFINDEN SICH BEFEHLE interessant sein. Mit diesem Tool

lassen sich verschiedene Funktionen wieder aufspüren, die sich nicht mehr am gewohnten Platz befinden.

Die **Optionsleiste** beinhaltet je nach aufgerufenem Befehl verschiedene Buttons zur weiteren Bearbeitung des Bauteiles. Diese Buttons sind in der Regel nur dort aufrufbar, daher sollten Sie diesem Bereich stets große Aufmerksamkeit widmen!

Mit Hilfe des **Projektbrowsers** können Sie durch die einzelnen Ansichten des Projekts navigieren (unter den Begriff »Ansichten« fallen in Revit auch Grundrisse und Bauteillisten). Aktivieren bzw. wechseln Sie eine Ansicht mit einem Doppelklick.

Die **Steuerelemente für Ansichten** (ehemals Ansichtskontrollleiste) steuern verschiedene grafische Aspekte wie z.B. den Maßstab oder auch die Sichtbarkeiten von Elementen.

In der **Statuszeile** schließlich wird immer das zurzeit aktuelle Bauteil angezeigt.

Die **Multifunktionsleiste** („Ribbon") ist ohne Zweifel das Herzstück der neuen Menüführung! Sie ersetzt die Entwurfsleiste der älteren Versionen und beherbergt im Wesentlichen dieselben Befehle. Sie ist in Rubriken - von Autodesk auch als „Tabulatortasten" bezeichnet - (Start, Einfügen, Beschriften, Ändern, Körpermodell & Grundstück, Zusammenarbeit, Ansicht und Verwalten) gegliedert. Jede Rubrik kann noch mehrere

Gruppen enthalten, in denen die zugehörigen Befehle nochmals logisch sortiert sind. Bei der Aktivierung von verschiedenen Befehlen (z.B. des Befehles WAND) wird zusätzlich noch hinter der Rubrik Verwalten eine weitere Rubrik sichtbar: Die kontextabhängige Registerkarte, in der relevante Unteroptionen zum Befehl gezeigt werden. Oftmals sind hier Optionen sichtbar, die in den Vorgängerversionen in der Optionsleiste zu finden waren.

In der aktuellen Version wurden an der Leiste noch etliche kleine Verbesserungen vorgenommen, das Konzept wurde aber beibehalten.

2

Power of Revit – Der Familieneditor

Ob Bemaßung oder Rasterbeschriftung, Türen oder Gewölbedecken – im Grunde ist alles in diesem Programm auf Familien aufgebaut. Daher sind die „Familien" ein zentrales Thema in Revit. Wer Revit beherrschen will, tut also gut daran, sich mit den Familien auseinanderzusetzen!

In diesem Tutorial sollen anhand einiger Praxisbeispiele die Befehle und auch typische Vorgehensweisen gezeigt werden, um einen möglichst raschen Einstieg in die Familienerstellung zu ermöglichen.

Die Einsatzmöglichkeiten der Familien sind vielfältig und hängen immer von Ihren eigenen (Projekt-) Anforderungen ab. Die gezeigten Beispiele sollen daher lediglich als „Lernobjekte" verstanden werden, anhand derer verschiedene Techniken gezeigt werden, die ich selbst in meiner bisherigen Praxis oft angewendet habe und die mir daher als wichtig genug erschienen, um sie in dieses Handbuch aufzunehmen.

Auch in diesem Buch will ich dabei dem „Maxcad"-Prinzip treu bleiben: Es sollen nicht nur die Befehle gezeigt werden, sondern auch typische Vorgehensweisen bzw. sinnvolle Workflows. Deshalb gibt es auch in diesem Tutorial wieder Beispiele, anhand derer die Befehle erläutert werden. Jeder Schritt ist dabei mit einem Bild belegt, damit Sie immer wissen, wo Sie stehen.

Hiermit soll gewährleistet werden, dass der Zusammenhang zwischen den einzelnen Befehlen und deren mögliche Anwendung in der Praxis deutlich wird.

2.1 Begriffserklärung: Interne-, Externe-, Systemfamilien

In diesem Punkt werden ein paar grundlegende Begriffe zu den Familien geklärt, dies ist für das generelle Verständnis von Revit wichtig. Denn damit Alles in geordneten Bahnen verläuft, werden die Familien in drei verschiedene Arten eingeteilt: Systemfamilien, interne Familien und externe Familien.

Externe Familien sind all die Bauteile, die z.B. in der Metric Library von Autodesk mitgeliefert werden. Diese Dateien sind auf der Festplatte separat gespeichert (unter dem Format *.rfa) und können in beliebige Projekte eingefügt werden.

Tipp: Eine weitere gute Quelle neben der Metric Library ist das Internetportal www.revitcity.com. Hier werden eine Menge Familien getauscht bzw. sind als kostenloser Download von Revit-Usern zur Verfügung gestellt worden.

Diese Bauteile sind in der Regel Bauelemente wie z.B. Fenster oder Türen, die sich in verschiedenen Größen wiederholen. Oftmals (aber nicht zwingend) sind Parameter enthalten, die das Bauteil möglichst universell einsetzbar machen. Nach dem Einfügen in ein Projekt, ist die jeweilige Familie dort gespeichert, beim Projektaustausch oder beim Arbeiten an einem anderen Arbeitsplatz müssen die Familien nicht gesondert übertragen werden.

Achtung: Die Anzahl und Größe der Familien bestimmt maßgeblich den Speicherbedarf des Projektes auf der Festplatte. Vermeiden Sie daher unnötige Familien im Projekt um die Größe möglichst gering zu halten. Tipps für die Arbeit mit performancelastigen Projekten erhalten Sie in Kapitel 6.

Systemfamilien hingegen (wie z.B. Wände oder Geschoßdecken aber auch Bemaßungen oder Rasterlinien) sind im Projekt vorhanden, können aber nicht extern als separate *.rfa - Datei gespeichert werden. Systemfamilien unterliegen oftmals strengeren Limitierungen wie ihre externen Verwandten. Wände z.B. können zwar innerhalb eines Projektes in ihrer Wandbreite editiert werden (verschiedene Typen anlegen, Profile anfügen, etc). allerdings kann keine konische Wand als Typ eine Systemfamilie erzeugt werden!

Solche „Sonderformen" können aber sehr elegant als Freiform erzeugt werden - als so genannte **projektinterne Familie**.

Dabei werden innerhalb des Projektes die Basis - Volumenkörperformen (z.B. Extrusion, Rotation, Sweep) beliebig miteinander kombiniert, um schließlich die gewünschte Form des Bauteils zu erreichen.

Die Bauteile in projektinternen Familien werden einer eigenen spezifischen Kategorie zugewiesen und es bleiben somit deren speziellle Eigenschaften erhalten: In Wandkörper können beispielsweise wie gewohnt Türen und Fenster eingefügt werden, auch in den Bauteillisten werden sie entsprechend ausgewertet.

Typische Beispiele von internen Familien sind Wände oder auch Geschossdecken in Sonderformen (konische oder geneigte Wände, Gewölbedecken, etc).

2.2 Quo Vadis: Der Weg zur eigenen Familie

Die Metric Library von Autodesk umfasst derzeit über 5400 Revit-Familien, eine ansehnliche Gemeinde. Dennoch wird man früher oder später an einen Punkt geraten, an dem ein Bauteil benötigt wird, das in der gewünschten Form nicht in der Bibliothek vorhanden ist. An dieser Kreuzung angelangt, kann man mehrere Wege einschlagen:

- Sie können das Internet nach verfügbaren Bauteilen durchsuchen (z. B. www.revitcity.com oder auch www.bimobject.org), mit etwas Glück finden Sie mehr oder weniger das, was Sie sich vorgestellt haben. Auch immer mehr Produkt-Hersteller (vor allem Innenausstatter) bieten Revit-Familien direkt zum Download an (z. b. Velux, Hilti, etc…).

- Ändern Sie ähnliche Bauteile ab und ergänzen Sie sie so, dass die Familien Ihren Erfordernissen entsprechen. Oftmals ist diese Methode aber schwierig, gerade bei komplexeren Familien mit vielen Abhängigkeiten benötigt man einige Erfahrung, um zum gewünschten Ergebnis zu gelangen.

- Wenden Sie sich an externe Dienstleister, die die Erstellung von Content nach Maß anbieten. Dies kann vor allem dann sinnvoll sein, wenn Sie sich nicht selbst das erforderliche Know - How aneignen wollen bzw. nur selten solche maßgeschneiderten Bauteile benötigen. Auch bei einer angespannten terminlichen Situation kann dieser Schritt die richtige Wahl sein.

- Und last but not least: Erstellen Sie sich Ihre Familien von Grund auf selbst. Diese Lösung ist sinnvoll, wenn viel eigener Content benötigt wird. Bei Büros mit mehreren Mitarbeitern kann es durchaus sinnvoll sein, nicht jeden zum „Family-Man" auszubilden, meist reicht es schon aus, wenn einzelne Spezialisten vorhanden sind. Grundlegende Kenntnisse sollte aber jeder Revit-User erlangen, um im Umgang mit Projekten sicher zu sein und Revit effizient einsetzen zu können.

2.2.1   Auch für Singles: Familienplanung in Revit

Bauteile in Revit herzustellen ist prinzipiell nicht aufwändiger als bei anderen CAD-Systemen. Aufgrund der Möglichkeit, diese Bauteile zu parametrisieren, damit diese in ähnlicher Form in anderen Projekten verwendet werden können, kann die Komplexität allerdings enorm zunehmen. Als Lohn für die eingesetzte Arbeitszeit winkt in der Regel eine entsprechende Zeitersparnis bei wiederholtem Einsatz des Bauteils oder bei Änderungen im Projekt.

Vor Erstellung eigener Familien empfiehlt es sich daher, möglichst genau zu definieren, wie die Familie gestaltet sein soll und welche Anforderungen sie im Projekt erfüllen muss. Überlegen Sie sich, welche Teile der Volumenkörper flexibel sein sollen und welche nicht – jede unnötige Abhängigkeit geht zu Lasten der Arbeitszeit, der Komplexität der

Familie und auch zu Lasten der Performance im Projekt. Machen Sie sich am besten eine kleine Skizze, die Sie später als Orientierung benutzen können, damit Sie den Überblick behalten und sich nicht in Details verzetteln.

Grundsätzlich gilt: Gestalten Sie die Familien so einfach wie möglich und doch so komplex wie nötig! Die folgenden Punkte sind dabei bei den ersten Überlegungen zur Familie wichtig:

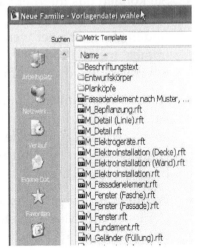

Auswahl der richtigen Kategorie bzw. des Familientemplates

Am Anfang der Familie steht die Wahl des „Templates", also der Familienvorlage. Jede Vorlage hat bestimmte Eigenheiten, leider ist mir keine umfassende Aufstellung der Besonderheiten bekannt. Ein paar der Eigenheiten sind im Beispiel Familienkategorien.xlsx (bzw. im Anhang) aufgelistet. Achten Sie z.B. darauf, ob die Kategorie schneidbar ist oder nicht, dies ist oft ein entscheidendes Kriterium. Allgemein gilt, dass Einrichtungen bzw. Geräte nicht schneidbar sind. Ein paar der Kategorien haben „Sonderparameter", z.B. für die Auswertung der Tragwerke oder auch das Nettovolumen (dies kann z. B. bei der Massenermittlung komplexer Geometrien hilfreich sein). Außerdem erlauben ein paar wenige Kategorien den Einsatz von gemeinsam genutzten Parametern nicht.

Als Nächstes sollte noch die Auswertung der Familie einfließen, da die gewählte Kategorie auch später für die Bauteilliste gilt. Man kann zwar die Bauteillisten mit Hilfe der Sortierungen und Filter beeinflussen, manchmal ist es aber besser, von vorneherein eine getrennte Kategorie zu wählen.

Letztlich entscheidet auch die Kategorie über die Art, wie die Bauteile in das Projekt eingefügt werden können. Grundsätzlich wird die Familie beim Einfügen am Cursor hängen und man kann mit einem Klick den Absetzpunkt definieren. Darüber hinaus gibt Revit uns noch die Möglichkeit „Basisbauteilabhängige" Bauteile zu definieren. Ein wandbasiertes Bauteil benötigt z.B. eine Wand, damit es abgesetzt werden kann, ein deckenbasiertes eine Decke und so weiter. Linienbasierte Bauteile sind in der Länge variabel und können auf Ebenen oder ggf. auf Flächen wie eine Linie mit zwei Klicks „gezeichnet" werden, z.B. Unterzüge, aber auch sich wiederholende Geometrien wie z. B. eine Stuhlreihe.

Die Wahl der Kategorie ist relativ kritisch: In gewissen Grenzen kann sie zwar auch später noch gewechselt werden, aber nicht uneingeschränkt. Bauteile können z.B. von der Kategorie Fenster in die Kategorie Tür verschoben werden, die Entwurfskörper hingegen sind aufgrund ihrer Komplexität recht störrische Zeitgenossen, die sich gar nicht verschieben lassen.

 Einen Überblick über die Eigenschaften der Kategorien finden Sie im Anhang (Kapitel 7)!

Bestimmung der Parameter

Die Parameter sind die magischen Elemente in einer Revit-Familie, mit deren Hilfe Bauteile flexibel gemacht werden können. So wird es z.B. möglich, dass das gleiche Fenster im Projekt sowohl in der Größe 1.01m x 1.01m als auch in der Größe 1.01m x 1.51m vorhanden sein kann, und auch noch über die Typeneigenschaften beliebige andere Größen manuell definiert werden können.

Obwohl es nicht zwingend nötig ist, dass eine Familie Parameter enthält, so ist es doch oftmals sinnvoll, bestimmte Geometrien innerhalb eines Bauteils zu „parametrisieren" also flexibel zu machen, damit das Bauteil in anderen Situationen bzw. mit anderen Abmessungen auch verwendet werden kann.

Andererseits machen gerade die Parameter und deren Abhängigkeiten von den Volumengeometrien das Arbeiten mit dem Familieneditor oftmals schwierig, da man mit steigender Anzahl der verwendeten Parameter den Überblick über das Geschehen verlieren kann. Auch gilt es immer zu bedenken, dass die Änderung eines Parameters eine ganze Reihe von Änderungen von Geometrien bewirken kann, die wiederum eventuell gar nicht gewünscht sind.

Es ist daher sinnvoll, nur die Parameter in die Familie aufzunehmen, die tatsächlich gebraucht werden bzw. Geometrien, die nicht zwingend flexibel sein müssen, vorerst nicht zu parametrisieren - nachträglich weitere Parameter zu einer Familie hinzuzufügen ist jederzeit möglich!

Legen Sie sich also eine kleine Skizze zurecht und tragen Sie die benötigten Parameter vorab grob ein, damit Sie ein Bild davon bekommen, wie die Volumengeometrien zueinander in Verbindung stehen werden.

Nicht alle Parameter dienen der Bestimmung der Geometrien einer Familie. Es ist auch möglich sie nur für den Transport von beliebigen Informationen zu benutzen, z.B. für den Eintrag einer Artikelnummer, eines Wartungsintervalles oder Ähnlichem. Erfassen Sie also auch solche Informationen in Ihrer Vorplanung.

Wenn man Parameter als „Gemeinsam genutzte Parameter" definiert (siehe dazu auch Kapitel 3.4.3), stehen die Werte auch für die Auswertung in Bauteillisten, Datenbanken oder Beschriftungen zur Verfügung, was in die Überlegungen aufgenommen werden sollte. Im Zweifelsfalle kann diese Information aber auch später noch eingefügt werden.

Komplexität und Performance

Prinzipiell ist es möglich sowohl Formeln als auch Gruppierungen in Familien zu verwenden. Dies kann z.B. hilfreich sein, um eine Anzahl an benötigten Bauteilen bezogen auf die aktuelle Bauteillänge ermitteln zu lassen oder auch um eine Reihenfunktion flexibel zu nutzen (z.B. für eine Reihe von Solarmodulen). Allerdings muss man bedenken, dass diese beiden Funktionen die Ressourcen der Hardware relativ stark belasten. Werden also später im Projekt viele dieser Bauteile platziert, benötigt der Rechner zum Aufbau der Ansicht länger. Daher sollte man auch hier den Einsatz der Funktionen nur erwägen, wenn es tatsächlich für diese Familie nötig ist.

Zusammenfassend kann man sagen, dass es vor dem Beginn der Bearbeitung der Familie wichtig ist festzulegen

- Kategorie der Familie
- Art und Arbeitsweise der Parameter
- Möglichst einfacher und „schlanker" Aufbau der Familie

 Tipp: Lassen Sie sich für die Vorbereitung der Familie etwas mehr Zeit, das Erstellen der Familie wird dann umso schneller von der Hand gehen!

3

Learning by doing: Erstellung einer komplexen Familie (Photovoltaikanlage)

Im Folgenden soll als Praxisbeispiel eine Familie für die bequeme Verlegung von Photovoltaikanlagen auf Dächern erstellt werden. Anhand dieses Beispiels soll gezeigt werden, wie die Vorgehensweise hierfür Schritt für Schritt aussehen könnte.

3.1   Familienplanung

Folgende Überlegungen bzw. Gegebenheiten sollen für diese Familie beachtet werden:

- Photovoltaikanlagen liegen zumeist auf Dächern bzw. geneigten Flächen. Daher wäre es wünschenswert, dass sich die Familie auf einem Dach platzieren ließe und sich dessen Neigung anpassen würde.

- Für die Platzierung der Module ist es sinnvoll, wenn der erste Klick den Beginn der Reihe und der zweite Klick das Ende der Reihe bildet, also linienbasiert gezeichnet werden kann.

- Da die Module in unterschiedlichen Größen erhältlich sind, soll die Breite, die Höhe und die Tiefe der Module typenabhängig parametrisch sein.

- Die Module liegen immer auf einer Unterkonstruktion, die in Traufrichtung immer das Auflager für zwei Reihen bildet (das Modul reicht also immer bis zur Schienenachse). In Richtung der Sparren ist nicht zwingend eine Unterkonstruktion nötig, daher sollen diese Schienen ggf. separat gezeichnet und ausgewertet werden können und brauchen deshalb nicht in der Familie zu erscheinen.

- Die Schienen für die Unterkonstruktion sind immer gleich groß (90mm x 50mm) und sind daher nur in Längsrichtung parametrisch. Sie müssen mit den Modulen bündig abschließen.

- Die Reihen schließen nicht immer rechtwinklig zueinander ab, können also im Anfangs- und Endpunkt untereinander versetzt liegen (z.B. bei Kehldächern). Außerdem können Dacheinbauten wie z.B. Dachflächenfenster oder Kamine dazu führen, dass Reihen unterbrochen, bzw. einzelne Module in einer Reihe ausgespart werden müssen.

- Die Module haben immer einen festen Abstand zum Dach. Dieser Wert muss nicht parametrisch sein, er kann fix auf 150mm über OK Dachhaut liegen.

- Die Module brauchen Halterungen, mit denen sie auf der Unterkonstruktion befestigt sind. Die Halter brauchen nicht grafisch dargestellt werden, müssen aber in der Bauteilliste gezählt werden können. Jedes Modul erhält an den Ecken einen Halter, stoßen zwei Module aneinander, reicht ein Halter für zwei Module aus.

- Die Befestigung der Schiene auf dem Dach muss nicht berücksichtigt werden.

Eine Menge an Informationen also, die wir nun in Revit-Form „übersetzen", um eine erste Übersicht über die Familienerstellung zu bekommen:

- Wir benötigen eine Familie, die linienbasiert und dachbasiert zugleich ist, damit einerseits die Reihe als Linie gezeichnet werden kann und dabei zugleich die Dachneigung automatisch erkannt wird.

- In der Familie benötigen wir die Möglichkeit, verschiedene Größen der Module darzustellen, die dann wiederum in Abhängigkeit der gezeichneten Linienlänge die richtige Anzahl der Module platziert. Daher werden wir zunächst das Modul in einer gesonderten „Modulfamilie" erstellen und diese dann in die „Hauptfamilie" als Bauteil einfügen und mit einer Reihenfunktion versehen. Dabei ist es praktisch, wenn die Reihenanzahl immer abgerundet wird, also der zweite Klickpunkt immer die maximale Ausdehnung der Module definiert (sonst wäre es evtl. möglich, dass Module über die Dachkante hinausragen würden).

- Da die Schienen immer als Auflager für zwei Reihen dienen, muss eine Definitionsmöglichkeit für die Fälle vorhanden sein, dass die Schiene nur oben, nur unten, oben und unten oder auch gar nicht benötig wird. Machen Sie sich ggf. auch ein paar Skizzen (s. u.) zu den verschieden Einbausituationen und bewerten Sie, welche Fälle für Ihre Anwendungen relevant sind. So wird man in unserem Beispiel erkennen, dass eine kritische Konstellation bei der Verwendung eines Daches eintritt, das beidseitig eine Kehle hat, da die Schienen im Kehlbereich teilweise „überstehen" müssen. Ich würde diesen Fall eher als unkritisch einstufen, da diese Dächer in der Praxis nicht sehr oft vorkommen werden; sollte er trotzdem eintreten, könnte man der Einfachheit halber die Reihe teilen und damit das Problem umgehen.

- Die Modulhalter werden nur als Info gebraucht, daher wird dieser Parameter nur als Wert hinterlegt. Damit er in den Bauteillisten auch aufgeführt werden kann, muss dieser Parameter als gemeinsam genutzter Parameter definiert werden.

- Weiterhin macht es Sinn, die Länge der Reihe (und somit auch die der Schiene) und die Anzahl der Module als Werte in der Bauteilliste zur Verfügung zu haben.

- Allerdings ist eine Trennung der Bauteile in Schienen und Module hinsichtlich der Übersichtlichkeit naheliegend. Daher wird die Schiene ebenfalls in einer „Schienenfamilie" erstellt und dann in die „Hauptfamilie" integriert werden. Das ermöglicht die Auswertung der Bauteile in unterschiedlichen Kategorien und gliedert die Familie in übersichtlichere Einzelteile. Die Schiene sollte eine linienbasierte Familie sein, denn damit wird die Steuerung der Schienenlänge in Abhängigkeit der Reihenlänge vereinfacht.

- Die Wahl der Kategorien ist entscheidend für die Auswertung der einzelnen Bauteile in der Bauteilliste. Für unser Beispiel könnten wir z.B. die Kategorie „Sonderausstattung" für die Schienen und „Mechanische Geräte" für die Module verwenden. Die „Hauptfamilie" könnte der Kategorie „Elektroinstallation" zugewiesen werden.

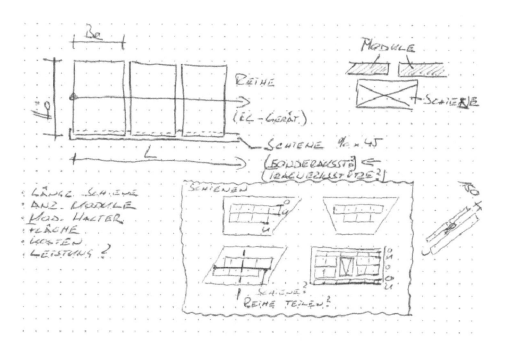

3.2 Einfache parametrische Grundfamilien erstellen

Beginnen wir zunächst mit der Familie der Einzelmodule.

Öffnen Sie dazu eine neue Familie über das Tastaturkürzel NF (Neu-Familie) oder über den Menü-Browser

3.2.1 Vorlagedatei wählen

Die Festlegung der richtigen Kategorie erfolgt aus den schon vorher genannten Gründen:

Die Module sollen sich für die einfachere Auswertung in der Bauteilliste in einer eigenen Kategorie befinden.

Die Bauteile müssen nicht schneidbar sein und benötigen auch nicht die Ausgabe eines Volumens.

German

Name

M_Leuchte.rft
M_Mechanische Geräte (Decke).rft
M_Mechanische Geräte (Wand).rft
M_Mechanische Geräte.rft
M_Möbel.rft
M_Möbelsystem.rft
M_Parkplatz.rft

Meine Wahl fällt daher auf die Kategorie „Mechanische Geräte", da dies eine naheliegende Bezeichnung ist und diese Kategorie alle Erfordernisse erfüllt.

Wählen Sie daher als Vorlage die Datei „M_Mechanische Geräte".

Wenn Sie die Vorlage geöffnet haben, werden Sie zunächst den Zeichenbereich wie unten abgebildet vorfinden. Es sind zwei Referenzebenen vordefiniert, deren Schnittpunkt den Einfügepunkt der Familie darstellt. Die beiden Ebenen haben einen Namen: Nach deren Lage sind sie als „Mitte Vorne/Hinten" bzw. als „Mitte Links/Rechts" bezeichnet, was die Orientierung bei der Volumenmodellierung erleichtert.

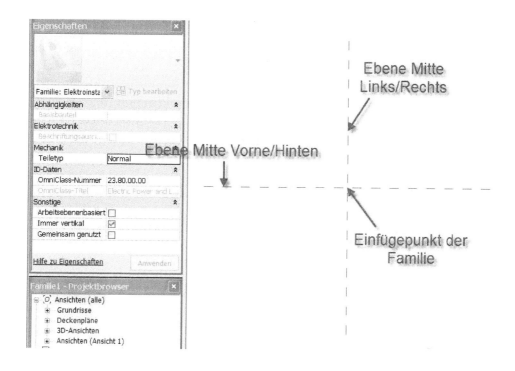

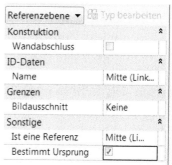

Hinweis: Der Einfügepunkt der Familie wird in den Eigenschaften durch die Option BESTIMMT URSPRUNG definiert. Es können maximal zwei Referenzebenen diese Eigenschaft besitzen. Der Schnittpunkt der beiden Ebenen ergibt dann den Einfügepunkt im Projekt, bzw. die Position, an der das Bauteil am Mauscursor hängt.

Die Option IST EINE REFERENZ regelt die „Prioritäten" der Ebenen beim Fang der Bemaßungsreferenzen. Wird die Option auf KEINE REFERENZ gestellt, wird die Ebene nicht als Referenz für die Bemaßungen im Projekt erkannt, bei SCHWACHE REFERENZ, STARKE REFERENZ und so weiter schon. Siehe dazu auch Kapitel 4.3.

3.2.2 Das Grundgerüst: Die Referenzen

Elementar wichtig bei der Arbeit im Familieneditor ist, dass in der Regel Referenzebenen definiert werden, die dann ggf. über die Parameter gesteuert werden. An die Referenzebenen werden dann die Volumenkörper „angehängt". Dieses Vorgehen vermeidet Fehlermeldungen und erleichtert die Arbeit mit Parametern. Es ist dringend zu empfehlen, sich in aller Regel daran zu halten und nur in wenigen Ausnahmefällen davon abzuweichen!

Zeichnen Sie deshalb zuerst die Außenkonturen des Modules mit Referenzebenen. Die Lage der Ebenen richtet sich nach dem gewünschten Einfügepunkt im Projekt bzw. der Hauptfamilie. In diesem Beispiel soll der Einfügepunkt links unten liegen, ergänzen Sie daher die Ebenen oben und rechts von den schon bestehenden Ebenen.

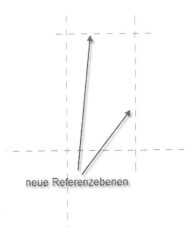

neue Referenzebenen

Hinweis: Referenz*linien* sind eine gute Wahl bei Bauteilen, die sich um ein Zentrum drehen sollen (z.B. für eine Türe mit drehbarem Flügel), da sie sich an den Endpunkten mit Abhängigkeiten belegen lassen. Referenz*ebenen* sind dagegen „unendlich" in der Ausdehnung und lassen sich nicht so einfach an einem Punkt drehbar fixieren.

3.2.3 Bewegliche Bauteile: Die Parameter

Zur Steuerung der Lage der Referenzen sind Bemaßungen nötig, die oftmals flexibel sein sollen. Dazu wird den jeweiligen Maßen ein „Parameter" zugewiesen, d. h. im Grunde wird die Bemaßung mit einem Namen verknüpft, der dann später auch im Projekt in den Eigenschaften sichtbar sein wird. In unserem Beispiel wären das die Breite und die Höhe des Modules.

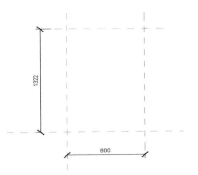

Ergänzen Sie daher die Skizze mit zwei

Bemaßungen, eine für die Breite und eine für die Höhe des Modules.

Jetzt wird diesen Bemaßungen jeweils ein Parameter zugewiesen. Klicken Sie dazu zuerst die waagrechte Bemaßung an und wählen Sie dann aus der Optionsleiste den Befehl PARAMETER HINZUFÜGEN aus.

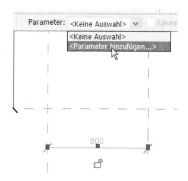

Vergeben Sie einen Namen für den Parameter, unter dem er später im Projekt in den Eigenschaften auftauchen soll, in diesem Fall „Breite". Die Auswahl „Typ" oder „Exemplar" bestimmt, ob der Parameter in den Typen- oder Exemplareigenschaften eingeordnet wird. Dadurch lässt sich die Steuerung der Familie entsprechend beeinflussen. In unserem Fall sollen diese Werte alle als Exemplarparameter angelegt werden, damit wir später in der Hauptfamilie die Größe der Modultypen direkt steuern können.

Hinweis: Generell wird in diesem Buch vorausgesetzt, dass die Grundlagen von Revit bekannt sind (hier: Unterscheidung von Typen- und Exemplareigenschaften). Sollten Sie noch mehr Informationen zu den Themen brauchen, so schlagen Sie bitte in der Revit-Hilfe nach oder im Grundlagenteil „Autodesk Revit Architecture – Grundlagen" meiner Bücherserie.

Tipp: Ab Revit 2011 können Sie dieses Menü auch über das Kontextmenü unter dem Punkt BESCHRIFTUNG erreichen.

Ergänzen Sie den Parameter für die Höhe entsprechend. Die Zeichenfläche sollte dann wie nebenstehend aussehen.

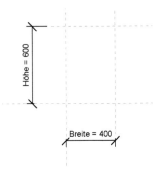

Jetzt haben wir bereits die Ebenen in Abhängigkeit der Bemaßungen gesetzt: Wird der Wert der Bemaßung geändert, ändern sich die Ebenen entsprechend!

Zur Kontrolle im Editor, öffnen Sie die Dialogbox FAMILIENTYPEN" (TK „TY").

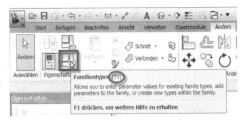

Dort sind alle momentan in der Familie erstellten Parameter sichtbar (in unserem Beispiel „Breite" und „Länge").

Wenn Sie nun bei den Parametern verschiedene Werte eintragen und auf ANWENDEN klicken, muss sich die Geometrie flexibel verändern, deshalb nennt man diesen Vorgang in Revit „flexen".

Benutzen Sie Werte, die sowohl größer als auch kleiner als der Ausgangswert sind, um möglichst alle Situationen prüfen zu können.

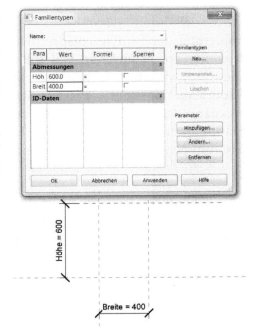

Die Parameter können in dieser Dialogbox auch nachträglich verändert werden. Klicken Sie dazu auf die Zeile „Länge" und wählen Sie den Button ÄNDERN auf der rechten Seite.

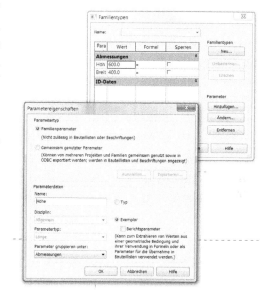

Hier haben Sie wieder alle Auswahlfelder zur Verfügung und können nun die Werte abändern.

Schließen Sie die Dialogboxen anschließend wieder mit OK.

3.2.4 Von der Ebene zum Volumen: Volumenkörper erstellen

Als Nächstes wird ein Volumenkörper für das Modul erstellt, wählen Sie dazu den Befehl EXTRUSION aus.

Tipp: Die Geometrie selbst ist für das Beispiel nur nebensächlich und soll sehr simpel gehalten werden, deshalb reicht ein einfacher Extrusionskörper für das Modul aus. Das hält die Abhängigkeiten übersichtlich und schont die Ressourcen der Hardware. Modellieren Sie immer nur so viel, wie tatsächlich für das Modell bzw. für die Auswertung benötigt wird.

Tipp: Zeichnen Sie die Skizzenlinien **neben** den Referenzebenen ein! Die Kanten des Körpers müssen anschließend auf die Referenzebenen ausgerichtet und abgeschlossen werden. Damit keine der Linien vergessen wird, ist es besser, sie vorerst optisch gut sichtbar *neben* den Ebenen zu platzieren. So werden Fehler vermieden!

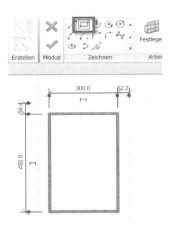

Richten Sie nun alle Skizzenlinien an den Referenzebenen aus und sperren sie alle Linien ab!

Achtung: Das Absperren nicht vergessen, sonst wird die Volumengeometrie nicht mit den Bemaßungen mitwandern! Hier ist eine gründliche Arbeitsweise sehr wichtig, um Fehler zu vermeiden.

Beenden Sie anschließend den Bearbeitungsmodus und flexen Sie das Bauteil nochmal, um sicherzustellen, dass auch keine Kanten vergessen wurden.

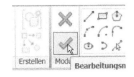

Tipp: Sollte dies der Fall sein, können Sie die Kanten auch gleich am fertigen Körper ausrichten und an die Ebenen heften, das macht keinen Unterschied zum Skizzenmodus.

3.2.5 Ein Bauteil – Viele Typen

Damit man beim Flexen weniger Tipparbeit hat, richten wir uns gleich mehrere Typen ein, die wir dann einfach anwählen können. Die Typen werden auch später in einem Projekt mit den gegebenen Maßen importiert werden. In unserem Falle ist das sehr praktisch, da wir alle Typen in der Hauptfamilie benötigen werden.

Tipp: Diese Typen kann man auch später im Projekt „extern" über eine .txt –Datei steuern. Falls diese Datei angelegt ist, wird nach dem Auswählen der Familie ein Dialogfenster gezeigt, in dem man einzelne benötigte Typen auswählen kann, die dann ins Projekt geladen werden. Damit wird sichergestellt, dass keine unnötigen Typen in das Projekt importiert werden, wodurch das Projekt möglichst „schlank" und damit die Performance stabil gehalten wird. Mehr dazu im Kapitel 4.5.

Klicken Sie für die Definition eines neuen Typen auf den Button „Familientypen" und vergeben Sie einen Namen, z.B. „EcoPower" als Bezeichnung für das erste Modul.

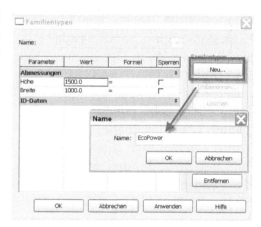

Stellen Sie die Größe des Modules auf 1500x1000(mm) ein.

Hinweis: Alle Templates sind auf mm voreingestellt, das könnte man - falls gewünscht - unter VERWALTUNG | EINHEITEN umstellen. Für unsere Übung belasse ich die Einheiten auf mm.

Wiederholen Sie die letzten Schritte und legen Sie noch ein Modul „SunTech" mit den Maßen 1200 x 900mm sowie ein Modul „EOS" mit den Maßen 900 x 600mm an. Die so definierten Module sind ab jetzt dauerhaft mit den eingetragenen Werten abrufbar.

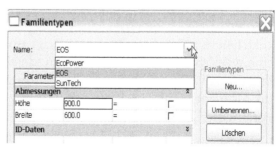

3.2.6 Eigenschaften mit Parametern steuern

Als letzte Angabe fehlt noch die Tiefe der Module. Prinzipiell könnte die Tiefe über eine weitere Referenzebene und Bemaßung genau so angelegt werden wie die Höhe und Breite, natürlich in einer Seitenansicht statt der Draufsicht. Ich möchte hier aber gleich noch eine andere Art der Steuerung zeigen: Wir können die Eigenschaften des Volumenkörpers auch gleich mit einem Parameter verknüpfen.

Wenn der Volumenkörper angewählt ist, sehen wir für Extrusionsbeginn und -ende jeweils einen Wert. Der Beginn liegt auf 0.0 (also direkt auf unserer Referenzebene), das Ende liegt auf 250.0 (also 250mm über der Ebene). Diese Werte können wir direkt mit Parametern verbinden und so die Geometrie steuern. Klicken Sie auf das kleine Viereck rechts am Rand der Eigenschaftenbox, es öffnet sich die Dialogbox FAMILIENPARAMETER ZUORDNEN. Wählen Sie wieder den Button PARAMETER HINZUFÜGEN und vergeben Sie diesmal den Name „Tiefe".

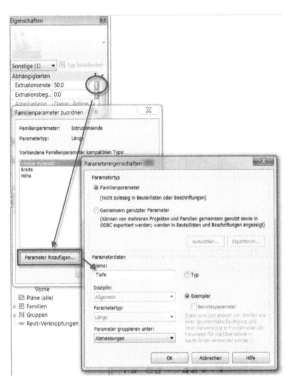

Wenn Sie die Dialogboxen geschlossen haben, werden Sie sehen, dass der Wert „Extrusionsende" nun ausgegraut ist und mit einem „=" hinterlegt ist als Zeichen, dass diese Eigenschaft mit einem Parameter verknüpft ist. Im Moment steht der Wert auf 250mm, da er voreingestellt war.

Rufen Sie die Familientypen auf und stellen Sie für die entsprechenden Typen die folgenden Werte ein:

EcoPower: 55mm

EOS: 30mm

SunTech: 50mm

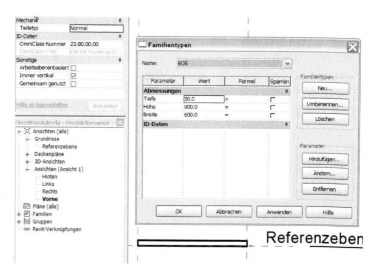

Überprüfen Sie die Funktionsweise auch nochmal in der Vorderansicht. Hier können Sie gut nachvollziehen, wie sich die Änderung der Typen auf die Geometrie der Modultiefe auswirkt.

Ein kleiner Nachteil dieser Methode ist, dass die Abhängigkeit nicht sofort in der Ansicht erkennbar ist (da keine Bemaßung vorhanden) und somit die Familie für Außenstehende schwerer zu „lesen" ist. Ein großer Vorteil aber ist, dass auf diese Weise konfigurierte Parameter auch negative Werte annehmen können – im Gegensatz zu den „Bemaßungsparametern", die dies mit einer Fehlermeldung verweigern.

Probieren Sie einmal, den Wert „Höhe" auf -1000 zu setzen. Revit wird melden, dass der Parameter einen ungültigen Wert besitzt. Das liegt an der Bemaßung, die offensichtlich das Kreuzen ihrer Referenzpunkte nicht verträgt.

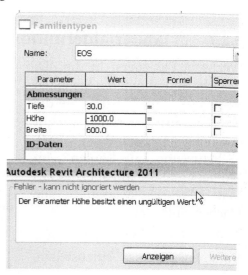

Setzen Sie nun den Wert der Tiefe auf -300. Sie werden sehen, dass die Volumengeometrie ohne Fehlermeldung auf die andere Seite der Referenzebene rutscht.

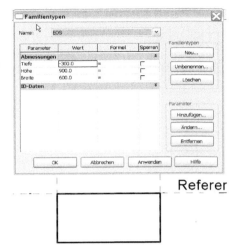

Referer

 Achtung: Beachten Sie aber, dass das nur in der Richtung der Extrusionsachse funktioniert!

In diesem Abschnitt haben Sie gelernt, wie Sie die Geometrie eines Volumenkörpers parametrisch direkt über die Eigenschaften steuern können. Im nächsten Schritt soll mit derselben Methode dem Volumenkörper ein Materialparameter hinzugefügt werden, der anschließend für jeden Typ verschieden eingestellt werden kann.

3.2.7   Materialdefinitionen als Parameter definieren

Wechseln Sie zuerst in die 3D-Ansicht und aktivieren Sie einen Ansichtsmodus, bei dem Sie die Oberflächen farblich gut erkennen können, z.B. „Schattierung mit Kanten". Im Moment ist kein spezifisches Material zugewiesen, alle Flächen sind grau.

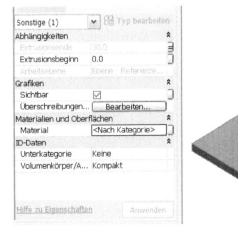

Um das Material des Volumenkörpers einzustellen,

wählen Sie den Körper an. In der Eigenschaftenbox ist unter der Rubrik „Materialien" daraufhin erkennbar, dass aktuell „Nach Kategorie" eingestellt ist. Belässt man diese Einstellung, wird das Material die Definition der Objektstile im jeweiligen Projekt übernehmen. Das wäre von Vorteil, wenn man die Zuweisungen „global" im Projekt steuern wollte (z.B. für alle Fenster).

Im Beispiel wollen wir jedoch verschiedene Materialien gleich in der Familie definieren, wodurch die Einstellungen der Objektstile im Projekt überschrieben werden.

Wenn man das Material direkt vergeben würde, würde jeder definierte Typ (EOS, SunTech und EcoPower) dieses Material zugewiesen bekommen und wir könnten nicht zwischen den einzelnen Typen unterscheiden.

Wenn wir jedoch dem Material einen Parameter zuweisen, dann können wir anschließend auch für jeden Typ einen entsprechenden „Wert" separat zuweisen (analog der Breite und Höhe).

Klicken Sie deshalb wieder auf das kleine Rechteck am rechten Rand der Eigenschaften-Box und geben Sie diesem Parameter den Namen „Oberfläche".

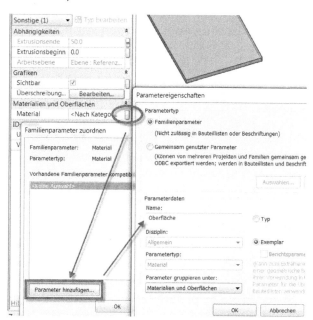

Hinweis: Alle Parameter in dieser „Basisfamilie" sollen als Exemplarparameter angelegt werden. Erst später sollen dann in der „Haupt"- Familie die tatsächlich benötigten Typen angelegt werden. Das ermöglicht uns, später im Projekt schnell weitere beliebige Module hinzuzufügen. Wäre dieses Bauteil ein einzelnes Modul, wäre die Definition als Typenparameter natürlich die bessere Wahl.

Schließen Sie die Dialogboxen mit OK und rufen Sie anschließend die Familientypen auf. Wählen Sie der Reihe nach den jeweiligen Typ aus und definieren Sie jeweils über den Button rechts in der Zeile „Oberfläche" ein Material aus der Materialienliste.

Diese Liste ist gegenüber der Materialienliste der Standardvorlage deutlich abgespeckt. Das Einfügen sehr vieler Materialien würde die Familie nur unnötig vergrößern, es ist daher besser, nur die Materialien anzulegen, die man gerade braucht.

Tipp: Um Materialien von einem Projekt oder auch einer anderen Familie in eine neue Familie zu übertragen, wählen Sie unter VERWALTUNG den Befehl PROJEKTSTANDARDS ÜBERTRAGEN aus. Die „Ursprungsdatei" muss dabei geöffnet im Hintergrund liegen. Wählen Sie alle nicht benötigten Kategorien vor dem Übertragen ab.

Achtung: Es können nicht einzelne Materialien ausgewählt werden, d. h. es werden immer *alle* Materialien eines Projektes übertragen. Um nur ein einzelnes Material zu übertragen, kann ein Volumenkörper über die Zwischenablage von einem Projekt ins andere kopiert werden. In Familien muss man aber bedenken, dass Geometrien nur bedingt übertragen werden können.

Da wir später das Material dieses Bauteiles über einen entsprechenden Parameter in der Hauptfamilie steuern werden, ist die Definition der einzelnen Oberflächen in dieser Familie nicht zwingend nötig, zur Kontrolle und Übung aber allemal sinnvoll. Duplizieren Sie daher das Material „Standard" für unsere Zwecke dreimal und geben Sie jeder Kopie ein unterschiedliches Aussehen. Benutzen Sie verschiedene Oberflächenmuster, damit Sie die Module in der schattierten Ansicht besser unterscheiden können. Vergeben Sie ggf. auch verschiedene Rendermaterialien, damit die Darstellungen entsprechend Ihrer Vorstellungen aussehen werden.

Tipp: Beim Einfügen einer Familie in ein Projekt werden bei Materialien mit dem gleichen Namen immer die Definitionen aus dem Projekt verwendet. D. h. Sie könnten in der Familie auch nur die Namen der Materialien anlegen und die Definitionen vernachlässigen, sofern sichergestellt ist, dass im Projekt dasselbe Material mit exakt demselben Namen vorhanden ist

Achtung: Auch Leerzeichen und Groß-/Kleinschreibung müssen übereinstimmen!

Damit später die Familie der Module einzeln in der gewählten Kategorie ausgewertet wird, obwohl wir sie in eine andere Familie verschachteln werden, muss in den Eigenschaften (bzw. der Familienkategorie) die Option „Gemeinsam genutzt" aktiviert werden. Damit erkennt Revit die ursprüngliche Kategorie des Bauteils im Projekt.

Testen Sie die Familie abschließend nochmals durch: Flexen Sie die Parameter der Höhe, Breite und Tiefe und prüfen Sie die Oberflächendarstellung der drei Typen. Wenn Sie mit dem Ergebnis zufrieden sind, speichern Sie die Familie unter dem Namen „Einzelmodul" ab.

 Das fertige Bauteil finden Sie auch im Datensatz unter dem Namen Einzelmodul.rfa

Im Nächsten Schritt werden wir die Schiene als längenbasiertes Bauteil definieren und dann der Kategorie „Sonderausstattung" zuordnen.

Hinweis: Denken Sie daran, für die Oberflächenschraffuren eine „Modellschraffur" zu verwenden, damit die Ausrichtung der Schraffurlinien immer mit der Geometrie ausgerichtet bleibt. In den Familienvorlagen sind oftmals nur Zeichenschraffuren angelegt. Für mehr

Informationen zu diesem Thema, siehe wieder die Hilfe, bzw. den Grundlagenteil meiner Bücherreihe.

3.3 Längenbasierte Familie erstellen

In diesem Schritt erstellen wir ein weiteres Einzelbauteil, die Schiene. Im Gegensatz zur vorherigen Familie, soll dieses Bauteil „längenbasiert" sein, damit es später wie eine Linie gezeichnet werden kann.

3.3.1   Same procedure: Vorlage und Kategorie wählen

Die Vorgehensweise für die Schiene gleicht sich in den wesentlichen Punkten der vorherigen. Öffnen Sie zunächst die Vorlage „M_Allgemeines Modell (Linie)".

Die Vorlage des generischen Modelles bietet eine allgemeine Basis für weitere spezifische Kategorien. Die Kategorie „Generisches Modell" selbst wird nicht in Bauteillisten erfasst! Da wir, wie oben festgelegt, unsere Schiene später in der Rubrik „Sonderausstattung" haben wollen, müssen wir diese Kategorie noch anschließend spezifizieren.

Wählen Sie dazu den Button „Familienkategorie- und Parameter" und klicken Sie auf den Eintrag „Sonderausstattung".

Damit haben wir erreicht, dass wir ein linienbasiertes Bauteil der Kategorie „Sonderausstattung" bekommen werden.

Damit die Auswertung der Schienen getrennt von der Hauptfamilie erfolgt, muss wieder die Option „Gemeinsam genutzt" aktiviert werden.

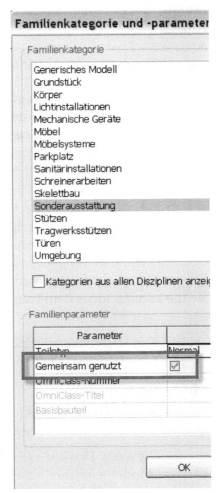

Die geöffnete Vorlage ist ähnlich aufgebaut wie die Vorherige, allerdings ist außer den beiden „Hauptreferenzebenen" noch eine weitere Ebene am rechten Rand eingefügt, zwischen den Ebene spannt sich eine „Referenzlinie".

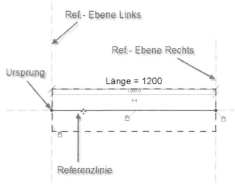

Mit Hilfe dieser Konstellation können wir Bauteile definieren, die sich zwischen den beiden Ebenen befinden und die später im Projekt als Linie mit einer beliebigen Länge gezeichnet werden können. Alles, was in der Familie zwischen diesen beiden Linien liegt, wird sich im Projekt an die jeweils gezeichnet Länge anpassen.

 Hinweis: Der bereits definierte Parameter „Länge" ist ein Exemplarparameter. Das gibt schon einen Hinweis auf die Art der Verwendung: Jedes gezeichnete Bauteil wird ein gesondertes Exemplar mit einer eigenen Länge werden.

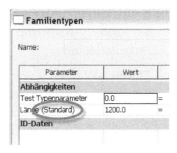

Tipp: In den Familientypen erkennt man Exemplarparameter an der Bezeichnung „(Standard)" hinter dem Parameternamen.

3.3.2 Längenbauteil mit Profil: Volumenkörper als Sweep

Der Volumenkörper der Schiene soll sich zwischen den beiden Referenzebenen aufspannen, die Länge der Schiene muss den Referenzebenen Links und Rechts folgen. Diesen Körper könnte man als Extrusion anlegen, in unserem Beispiel will ich jedoch den Körper über einen Sweep anlegen, da man so recht bequem das Profil und die Abhängigkeit des Pfades steuern kann.

Wählen Sie daher den Button „Sweep" in der Rubrik „Formen".

Im Bearbeitungsmodus des Sweeps kann als erstes ein Pfad festgelegt werden, an dem das im nächsten Schritt zu definierende Profil entlangwandert. Die Definition des Pfades kann wiederum auf mehrere Arten vorgenommen werden:

- Durch **Zeichnen des Pfades** mit den bekannten Skizzenlinien: Hier kann man mit den Bekannten Befehlen arbeiten, denken Sie aber immer an die richtige Definition der Abhängigkeiten. In unserem Beispiel müsste die Skizzenlinie an den drei Referenzen ausgerichtet und gesperrt werden.

  Dabei ist es wichtig, dass auch die Anfangs- und Endpunkte der Linie an die Ebenen gehängt werden, damit die Länge auch immer mit verändert wird! Der Pfad kann nur in x- und y-Richtung definiert werden, nicht in z-Richtung der Arbeitsfläche.

- Durch Wählen von Kanten bzw. Objekten: Sie müssen bei dieser Option nur noch an die Kanten schon bestehender Bauteile klicken, die Abhängigkeiten werden dann automatisch an die Elemente geheftet.

  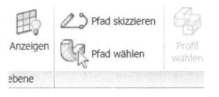

  Ein weiterer Vorteil dieser Methode ist, dass der Pfad in x-, y- *und* z-Richtung verlaufen kann.

Hinweis: Wenn Sie in unserem Fall den Pfad durch Skizzieren definieren und die Linie einfach auf die Referenzlinie direkt zeichnen würden, könnten Sie feststellen, dass sich auch dieser Körper der Länge anpasst, ohne dass Abhängigkeiten definiert wurden! Das liegt an den „Automatischen Skizzenbemaßungen", die Revit selbst jeder Skizze hinzufügt. Allerdings kann es in einigen Fällen vorkommen, dass die automatischen Abhängigkeiten nicht den tatsächlich gewünschten entsprechen. Das passiert vor allem bei komplexeren Skizzen und bei Vorhandensein mehrerer Referenzebenen, da die Automatik selbständig nach den nächstliegenden Ebenen sucht und dort die Skizzenlinie „anheftet". Wird später diese Referenz geändert, wandern auch die abhängigen Skizzenlinien mit. Damit die Familien immer sauber steuerbar bleiben, empfiehlt es sich deshalb, die Abhängigkeiten manuell festzulegen, selbst wenn die Automatik dasselbe Ergebnis liefern würde.

 Tipp: Die „Automatischen Skizzenbemaßungen" sind in der Regel ausgeblendet und können über die Sichtbarkeitssteuerung der Kategorien wie gewohnt eingeblendet werden.

Aktivieren Sie also für unser Beispiel den Befehl PFAD WÄHLEN und klicken sie auf die Referenzlinie.

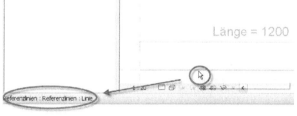

 Achtung: Genau auf die richtige Referenz achten, nicht die Ebene anklicken!

Klicken Sie auf den grünen Haken, um die Pfadbearbeitung abzuschließen.

Als Nächstes muss das Profil definiert werden, auch hier haben wir mehrere Möglichkeiten: Es können bereits vordefinierte Profile geladen werden, oder es können eigene Skizzen

angefertigt werden. Das Laden vorgefertigter Profile bietet sich an, wenn sie wiederholt vorkommen oder auch komplex zu zeichnen sind (z.B. Norm-Stahlprofile). In unserem Fall reicht eine einfache Skizze aus, wählen Sie daher die Option SKIZZE BEARBEITEN.

 Hinweis: Ein Beispiel zur Verwendung von Profilen in Sweeps finden Sie am Ende dieses Kapitels.

Revit wird daraufhin automatisch eine Liste von Ansichten anbieten, die nicht parallel zum Pfad liegen, da das Profil in der Regel senkrecht zum Pfad liegen wird. Wählen Sie aus der Auswahl z.B. die Ansicht von rechts.

Fertigen Sie anschließend eine rechteckige Skizze an mit den Maßen 90 x 50mm, der in der Mitte oben am Referenzpunkt (roter Punkt) hängt. Dieser Punkt bestimmt, wie das Profil am Pfad entlang geführt wird. In unserem Falle ist die Mitte der Oberkante des Profiles der Einfügepunkt.

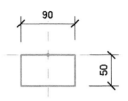

Beenden sie die Bearbeitung der Skizze und wechseln Sie in die 3D-Ansicht. Hier können Sie sehr gut nachvollziehen, wie Pfad und Profil verlaufen. Jetzt können Sie auch die Bearbeitung des Sweeps beenden.

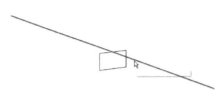

Um das Bauteil zu flexen, haben Sie nun zwei Möglichkeiten: Entweder über die bekannte Methode der Familientypen oder aber auch über direktes Ziehen der Referenzebene in der Draufsicht, bzw. Überschreiben der temporären Bemaßung.

 Achtung: Vor der Version 2011 gibt es diese Möglichkeit nicht, flexen von Parametern war in den Vorgängerversionen nur über die Familientypen möglich!

Weisen Sie dem Volumenkörper noch das Material „Aluminum" zu (ohne Parameter genügt in diesem Fall).

Speichern Sie die Datei unter dem Namen „Schiene" ab.

Das fertige Bauteil finden Sie im Datensatz unter dem Namen `Schiene.rfa`.

3.3.3 Übung: Sweep mit einer Profilfamilie erstellen

In dieser kleinen Übung soll kurz gezeigt werden, wie man eine Profilfamilie erstellt und wie man diese anschließend in den Sweep mit einbinden kann.

Öffnen Sie dazu zunächst eine weitere Familienvorlage: Wählen Sie dazu die Vorlage M_Profil (Sweep).rfa.

Ergänzen Sie drei Referenzebenen wie nebenstehend gezeigt (links, rechts und unterhalb).

Hinweis: Die Beschriftungen spielen für die Familie keine Rolle, sie sollen lediglich Aufschluss geben über die spätere Ausrichtung im Projekt. Die Beschriftung ist allerdings meiner Meinung nach in dieser Vorlage falsch, da die Ausrichtung des Profils an der waagrechten Linie erfolgt.

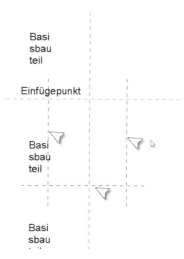

Ergänzen Sie Bemaßungen und setzen Sie die Bemaßungen auf das gewünschte Maß, z. B. auf 100x60mm.

Hinweis: Bei Bedarf können hier natürlich auch Parameter verwendet werden. Damit Sie später darauf Zugriff haben, müssen allerdings sinnvollerweise Typenparameter verwendet werden (da in der Sweep-Familie später die verschiedenen Profile als Typen angelegt sind).

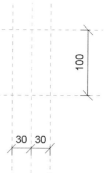

Ergänzen Sie nun die Linien, die den Umriss des Profils beschreiben. Achten Sie dabei darauf, dass geschlossene Schleifen entstehen, da Sie ansonsten beim Einfügen der Familie in den Sweep eine Fehlermeldung erhalten würden.

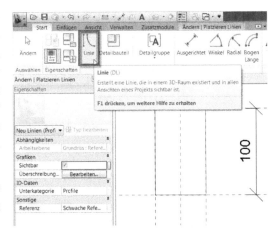

Speichern Sie anschließend die Familie unter dem Namen Test_Profil.rfa ab.

Laden Sie nun die Profil-Familie in die Schienen-Familie. Benutzen Sie dazu den Button IN FAMILE LADEN am rechten Rand der Multifunktionsleiste.

Die nebenstehend gezeigte Dialogbox erscheint, wenn Sie mehrere Dateien im Hintergrund offen haben. Wählen Sie in diesem Fall die Datei Schiene.rfa (Häkchen muss gesetzt sein), damit das Profil in diese Zeichnung geladen wird.

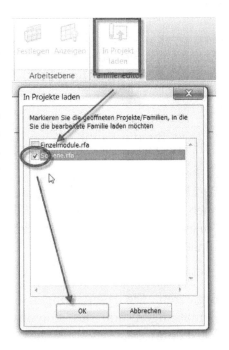

Revit wechselt nun das Fenster auf die Schienen-Familie. Wählen Sie dort den Sweep an und klicken Sie anschließend auf den Button SWEEP BEARBEITEN in der Multifunktionsleiste.

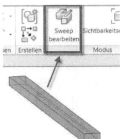

Wählen Sie nun auf den Befehl
PROFIL WÄHLEN an und klicken Sie
auf die rechts daneben stehende
Drop-Down-Liste. Wählen Sie aus
dieser Liste das vorher geladene
Profil „Test_Profil" aus.

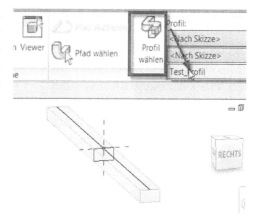

Die Profilskizze wird
daraufhin entsprechend
angepasst. In den
Eigenschaften des Profils
können Versätze in x- und
y-Richtung angegeben
werden, sowie ein Winkel
für eine Drehung des
Profils. Leider erscheinen
eventuell angelegte Parameter hier nicht direkt.

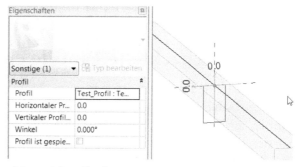

Um diese zu erreichen muss im Projektbrowser die Profilfamilie gewählt
werden, dann können verschiedene Typen dieses Profils mit
unterschiedlichen Werten angelegt werden. Falls gewünscht könnten die
Parameter hier sogar über das kleine Viereck rechts in der Zeile verlinkt
werden!

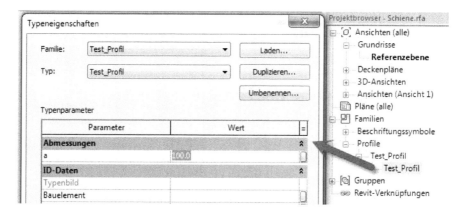

Stellt man den Sweep fertig und kontrolliert man nochmals die Eigenschaften, sieht man, dass jetzt auch auf die Versätze und den Winkel zugegriffen werden kann und ebenfalls die Möglichkeit besteht, die Werte mit Parametern zu verlinken.

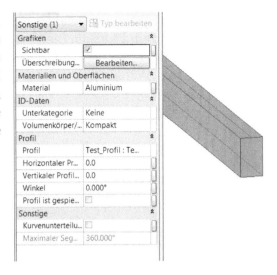

3.4   Verschachtelte Familie erstellen

Verschachtelte Familien bieten die Möglichkeit, mehrere - eventuell parametrische - Familien zu einer „Großfamilie" zusammenzufügen. Das könnte z.B. auch bei einer Tischgruppe sinnvoll sein: Mehrere Stühle werden in eine Familie integriert, in der der Tisch auch gleich mit dabei ist. Die Parameter der verschachtelten Familien (also z.B. der Stühle) können dabei auch von der Gesamtfamilie aus angesteuert werden, um die entsprechenden Parameter weiterhin nutzen zu können.

In unserem Beispiel werden die Einzelmodule und die Schiene in einer Familie zusammengeführt. Wie bei den Vorüberlegungen definiert, soll diese Familie über zwei Klicks wie eine Linie gezeichnet werden, zugleich sich aber auch an die Dachneigung automatisch anpassen können. Zu guter Letzt soll die Familie für die Auswertung auch noch in der Kategorie „Elektrogeräte" erscheinen.

3.4.1   Kategorie der Familie festlegen

Deshalb wählen wir zunächst wieder eine linienbasierte Vorlage des allgemeinen („generischen") Modelles, die anschließend gleich auf die Kategorie „Elektroinstallation" umgestellt wird.

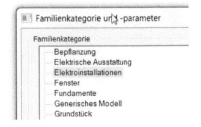

Die automatische Anpassung an die Dachschräge brauchen wir im Fall der linearen generischen Familie nicht gesondert zu definieren. Wir können später im Projekt diese Familie einfach über eine Auswahl auf eine Arbeitsebene oder eine beliebige Fläche absetzen.

 Achtung: Um bei Bauteilen die Möglichkeit zu erhalten, sie auch auf beliebigen geneigten Flächen platzieren zu können, muss man in den Familienkategorien in den meisten Kategorien erst das Häkchen bei „Arbeitsebenenbasiert" aktivieren. Wird es nicht aktiviert, ist die Familie nur auf Arbeitsebenen platzierbar. Speziell bei den linienbasierten Bauteilen ist dieses Feature gleich aktiv und braucht nicht mehr gesondert gewählt zu werden. Eine weitere Besonderheit ist die Option „immer Vertikal". Diese Option sollte ggf. hier deaktiviert bleiben.

3.4.2   Einzelfamilien in „Zusammenbau"- Familie integrieren

Im nächsten Schritt wird die Familie des Einzelmodules in die aktuelle Familie geladen und entsprechend unseren Erfordernissen eingestellt. Die Modulreihe muss sich den einzelnen Typen entsprechend anpassen und die Anzahl der Module muss sich der gezeichneten Länge automatisch anpassen.

Laden Sie zunächst die Familie „Einzelmodul" über den Befehl BAUTEIL und platzieren Sie das Bauteil in der Nähe des Ursprungspunktes.

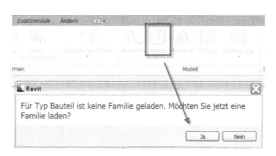

 Tipp: Ist die Familie noch im Hintergrund geöffnet, geht dies natürlich auch wieder über den Befehl IN PROJEKT LADEN.

Auch hier gilt wieder, dass es sich empfiehlt, die Bauteile mit Ausrichten und Absperren an die entsprechenden Referenzen zu binden, um überraschende Effekte zu vermeiden.

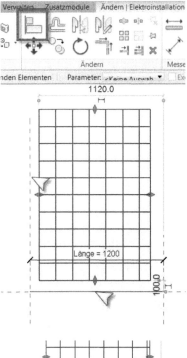

Heften Sie also das Bauteil an den Ursprung, vergessen sie nicht, die Schlösschen abzusperren!

Da auch in der Modulreihenfamilie die einzelnen Typen des Einzelmodules abrufbar sein müssen, sollen als Nächstes diese Typen angelegt werden. Öffnen Sie dazu die Familientypen und erstellen Sie die drei Typen.

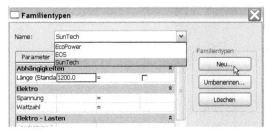

Klicken Sie in der Familientypen Dialogbox auf „Hinzufügen", um noch gleich einen Materialparameter für die Oberfläche zu erstellen. Achten Sie dabei darauf, dass nun ein Typenparameter erstellt werden soll und stellen Sie bei Parametertyp den Wert „Material" ein. Die Gruppierung wird dann automatisch auf „Materialien und Oberflächen" umgestellt werden, diese Einstellung können Sie belassen.

Stellen Sie nun das Material passend zum jeweiligen Typ ein. Klicken Sie dazu jeweils auf die rechte Seite der Spalte „Wert" und wählen Sie dann das Material aus der erscheinenden Liste aus. Wiederholen Sie den Vorgang für alle drei Typen.

Schließen Sie anschließend das Familientypen-Dialogfenster.

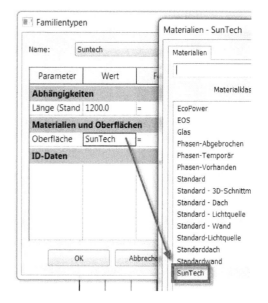

Wählen Sie als nächstes das Einzelmodul an. In den Eigenschaften ist der in dieser Familie angelegte Parameter verfügbar und kann mit einem Parameter in der Hauptfamilie verknüpft werden.

Klicken Sie dazu wieder in das kleine Rechteck am rechten Rand der Zeile „Oberfläche".

Wählen Sie aus der erscheinenden Dialogbox den Parameter „Oberfläche" aus.

Jetzt haben wir die beiden Parameter aus der Unterbauteilfamilie mit der Hauptfamilie verbunden. Im Prinzip hätten wir in der Unterbauteilfamilie auf die Definition der Materialien also getrost verzichten können, da die Werte von der Hauptfamilie aus gesteuert werden. Wie Sie vielleicht bemerkt haben, werden aber beim Einfügen eines Unterbauteils auch die dort definierten Materialien mit in die Hauptfamilie importiert, sodass wir sie dort direkt wieder verwenden können. So gesehen war diese „Übung" also nicht umsonst...

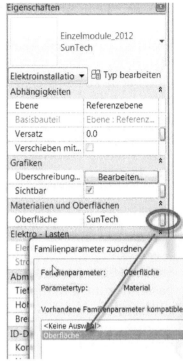

 Hinweis: Sie können immer nur die Werte aus der Unterbauteilfamilie mit den Werten aus der Hauptfamilie steuern, nie umgekehrt!

3.4.3 Informationen der Familien weitergeben: Gemeinsam genutzte Parameter

In jeder Familie können im Prinzip beliebige Informationen über die Parameter hinzugefügt werden, die später im Projekt in den Eigenschaften der Familie erscheinen. Allerdings haben die „Familienparameter" die Limitierung, dass sie nicht an Beschriftungen oder Bauteillisten weitergegeben werden können. Damit Revit weiß, dass diese Informationen auch für andere Zwecke zur Verfügung stehen sollen, müssen diese Parameter als „gemeinsam genutzte Parameter" angelegt sein.

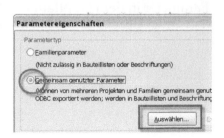

Achtung: Nur gemeinsam genutzte Parameter erscheinen auch auf der Bauteilliste, die restlichen Parameter existieren nur in der jeweiligen Familie!

Wählen Sie also in den Parametereigenschaften die Option „Gemeinsam genutzter Parameter" aus und klicken Sie dann auf „Auswählen".

Die gemeinsam genutzten Parameter befinden sich in einer Datei, die separat auf der Festplatte gespeichert wird (in einem beliebigen Verzeichnis).

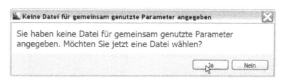

Beim ersten Aufruf der gemeinsam genutzten Parameter wird Revit eventuell melden, dass keine solche Datei angegeben ist. Klicken Sie deshalb auf „Ja".

Anschließend könnte eine schon bestehende Datei mit „Durchsuchen" geöffnet oder eine neue Datei erstellt werden. Klicken Sie dazu auf „Erstellen", da wir eine eigene Datei für unser Beispiel erstellen werden.

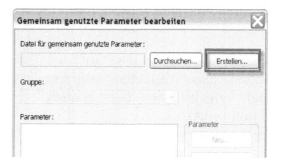

 Tipp: Wie man die Ordnerstruktur für diese Dateien anlegt hängt natürlich in hohem Maße von der Art der Verwendung bzw. dem Workflow im jeweiligen Unternehmen ab. Als grobe Richtschnur könnte dienen, dass man zunächst eine Datei anlegt, in der zentral alle Parameter angelegt werden, die man gewöhnlich in allen Projekten braucht (z. B. Informationen über das Bauvorhaben oder den Bauherren etc). Eine weitere Datei könnte dann jeweils für jedes Projekt separat angelegt werden, in der nur projektspezifische Werte geführt werden. Somit wäre gewährleistet, dass die Hauptdatei nicht unnötig überfrachtet werden würde und trotzdem öfter gebrauchte Parameter nur einmal angelegt werden müssen.

 Achtung: Erstellen oder ändern Sie diese Datei immer nur über das Revit-Menü ab, niemals manuell über externe Programme (Windows-Explorer, bzw. Text-Editor), da das fast immer zu einer korrupten Datei führen wird. Vermeiden Sie es, bereits bestehende und verwendete Parameter zu löschen, damit man ggf. in einem späteren Projekt wieder darauf zugreifen kann. Definierte Parameter können auch nicht mehr nachträglich geändert werden, seien Sie also bei der Definition umsichtig (Tippfehler vermeiden!).

Wählen Sie einen beliebigen Ort auf der Festplatte (oder auch Netzwerk) aus und speichern Sie die Datei z.B. unter dem Namen „Gem Parameter Handbuch.txt" ab.

Vorerst ist diese Datei leer. Sie können hier nun beliebige Parameter unter beliebigen Gruppen anlegen.

Klicken Sie dazu zuerst auf den Button „Neu" bei den Gruppen und vergeben Sie den Namen „Photovoltaik"

Vergeben Sie jetzt den Parameter „Modulanzahl" und weisen Sie diesem Parameter aus der Auswahlliste den Typ „Ganzzahl" zu.

Tipp: Vermeiden Sie in den Parameterbenennungen alle Zeichen, die für Rechenoperationen benötigt werden könnten (+ - / = usw.), damit keine Konflikte bei der Erkennung der Parameter in der Familie entstehen können. Leerzeichen und Umlaute sollten in der Regel keine Probleme bereiten.

Schließen sie die Dialogboxen und stellen Sie in den Parametereigenschaften die Option „Exemplar" ein und ändern Sie die Gruppierung in „Berechnungsmodell".

In den Familientypen ist jetzt ein entsprechender Parameter vorhanden. Wenn sie die Anzahl manuell ändern, wird sich die Anzahl der Reihen entsprechend mit verändern.

Damit sich die Anzahl an die Länge der Familie anpasst, brauchen wir noch die Modulbreite in der Familie. Dann können wir die Anzahl mit Hilfe einer Formel automatisch ermitteln lassen, da ja die Länge dividiert durch die Modulbreite die Anzahl vorgibt.

Um die Modulbreite zu erhalten, kann man ab Revit 2011 einen „Berichtsparameter" benutzen. Diese Parameter können Werte von Geometrien abgreifen, aber nicht ändern. Die Verwendung von Berichtsparametern in Formeln ist allerdings nur in engen Grenzen möglich. Wir verwenden daher einen „normalen" Exemplarparameter.

 Tipp: Berichtsparameter sind z.B. sehr praktisch, um die Maulweite von Türzargen in Abhängigkeit der Wandstärke auslesen zu lassen.

Da die Modulmaße eventuell für die Auswertung in der Bauteilliste interessant sein könnten, werden wir diese Parameter ebenfalls als gemeinsam genutzte Parameter festlegen.

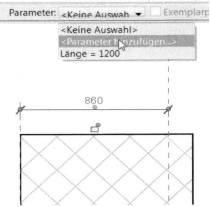

Erstellen Sie eine senkrechte Referenzebene und eine zugehörige Bemaßung. Klicken Sie auf PARAMETER HINZUFÜGEN.

Wählen Sie die Option „Gemeinsam genutzter Parameter", klicken Sie auf „Auswählen" und anschließend in der Dialogbox „Gemeinsam genutzte Parameter" auf „Bearbeiten".

Legen Sie zwei neue Parameter an: „Modulhöhe" und „Modulbreite" (Disziplin „Allgemein" und Parametertyp „Länge")

Wählen Sie zunächst die Modulbreite aus, definieren Sie ihn als Typenparameter und lassen Sie ihn unter „Abmessungen" gruppieren

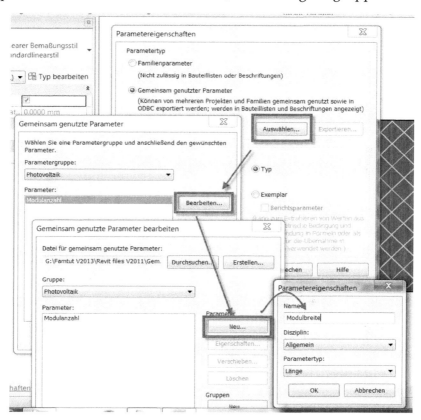

Wiederholen Sie die letzten Schritte gleich nochmal für die Modulhöhe.

Da wir diesen Parameter vorher gleich mit definiert haben, kann er jetzt direkt ausgewählt werden.

Die Zeichnung sollte anschließend in etwa wie nebenstehend aussehen.

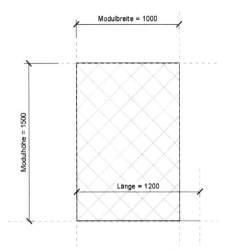

Wählen Sie anschließend das Einzelmodul aus und ordnen Sie in den Eigenschaften die Parameter Modulhöhe und Modulbreite jeweils der Höhe und Breite des Einzelmodules zu. Hiermit haben wir wiederum erreicht, dass die Geometrie der Unterfamilie über die Werte der Hauptfamilie gesteuert wird.

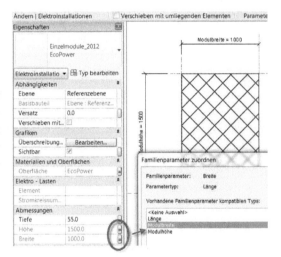

Legen Sie in den Familientypen wieder die richtigen Maße an.

Diese sollten sein:

EcoPower: 1500x1000mm

„SunTech": 1200 x 900mm

„EOS": 900 x 600mm

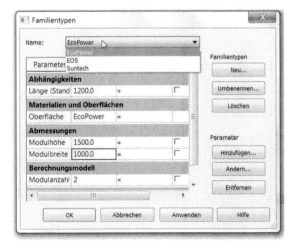

Stellen Sie anschließend der Reihe nach alle Typen ein und klicken Sie jeweils auf „Anwenden", um die Typen zu flexen und die Geometrie zu überprüfen.

Der Ursprungspunkt muss dabei immer auf dem Achsenschnittpunkt links unten liegen bleiben, die Geometrie sich nach rechts oben bewegen.

3.4.4 Reihenfunktion in der Familie: Parametrische längenbasierte Reihe

Jetzt können wir die Module dieses Typs in eine Reihe fassen und anschließend zur Länge in Abhängigkeit setzen, damit sich die Reihe immer in Abhängigkeit der Länge ändert.

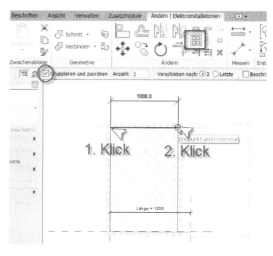

Wählen Sie das Einzelmodul aus und rufen Sie den Befehl „Reihe" auf. Achten Sie darauf, dass das Häkchen „Gruppieren und zuordnen" gesetzt ist, damit später die Anzahl der Reihenelemente verändert werden kann.

Klicken Sie die linke und rechte Ecke des Modules an (die Module sitzen „knirsch" aneinander) und bestätigen Sie die Anzahl der Module.

 Hinweis: die genaue Anzahl der Module spielt vorerst keine Rolle, da sich diese ohnehin aus der Länge der Reihe errechnet.

Wählen Sie jetzt die Linie der Anzahlbemaßung an und klicken Sie dann auf die Option PARAMETER HINZUFÜGEN, die daraufhin in der Optionsleiste erscheint.

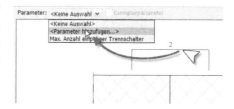

Wir werden jetzt einen Parameter für die Reihenanzahl vergeben. Diesen Wert wollen wir später in den Bauteillisten auswerten können, daher muss dieser Parameter als „gemeinsam genutzter Parameter" definiert sein.

Legen Sie den Parameter wie schon zuvor an. Achten Sie dabei darauf, dass diesmal als Parametertyp „Ganzzahl" eingestellt werden muss.

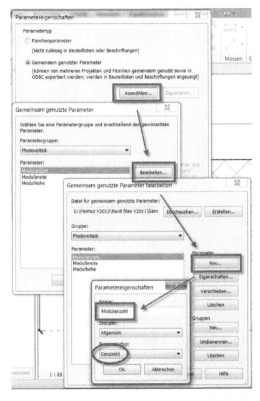

Wählen Sie nach der Erstellung des Parameters in der Parametereigenschaften-Dialogbox die Option „Exemplarparameter" und die Gruppierung „Berechnungsmodell".

Flexen Sie anschließend wieder das Bauteil, indem Sie in den Familientypen die Anzahl z. B. auf „4" stellen. Die Module müssen sich dann entsprechend ‚vermehren'.

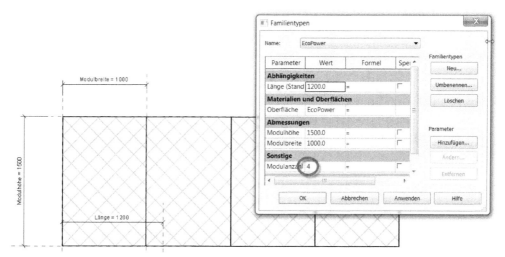

Wenn Sie allerdings den Typen wechseln, werden Sie feststellen, dass sich die Kante des zweiten Modules nicht automatisch an der rechten Referenzebene ausrichtet.

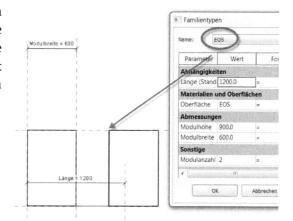

Daher müssen wir noch diese Kante an die Referenzebene heften. Benutzen Sie dazu den Befehl AUSRICHTEN und sperren Sie die Kante ab.

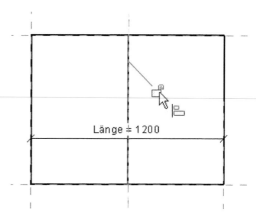

Flexen Sie anschließend nochmal die Typen, um sicherzustellen, dass alles richtig „sitzt". Falls alles richtig gemacht wurde, können Sie in jedem Typ eine beliebige Anzahl bei der Reihe einsetzen und die Module müssen sich immer aneinander liegend nach rechts hin ändern.

In diesem Schritt haben wir die drei Typen des Einzelmodules in eine parametrische Reihe gesetzt.

Allerdings müssen wir noch beachten, dass der Parameter „Modulanzahl" selbst über die Länge der Reihe gesteuert werden soll. Wir müssen also diesen Parameter in eine Abhängigkeit zur Länge setzen. Dazu brauchen wir eine entsprechende Formel, die in die Familie integriert wird.

3.4.5   Formeln in Familien

Mit Hilfe von Formeln können innerhalb der Familie bestimmte Bezüge zwischen den Parametern oder auch die Werte derselben festgelegt werden. So ist es z. B. möglich, die Breite immer halb so groß sein zu lassen wie die Höhe. Wird später die Höhe des Bauteils im Projekt geändert, wird die Breite automatisch angepasst werden.

Für unser Beispiel benötigen wir zunächst eine Formel, um die korrekte Länge der Schiene in Abhängigkeit des jeweils gewählten Modultyps errechnen und somit die korrekte Anzahl der benötigten Module für unsere Reihe ermitteln zu lassen. Zusätzlich soll sichergestellt werden, dass die Anzahl der Module immer abgerundet wird, damit die Module im Zweifelsfall nicht über die gezeichnete Linie hinausragen.

Nachfolgend eine Liste erlaubter Rechenoperationen:

Bezeichnung	Schreibweise	Beispiel
Addition	+	2+3
Subtraktion	-	5-2
Multiplikation	*	15/3
Division	*	2*3
Potenzen	^	2^3
Logarithmus	log	log(3)
Quadratwurzel	sqrt	sqrt(2)
Sinus	sin	sin(30)
Kosinus	cos	cos(30)
Tangens	tan	tan(30)
Arkussinus	asin	asin(30)
Arkuskosinus	acos	acos(30)
Arkustangens	atan	atan(30)
Exponent zur Basis e	exp	exp(3)
Absoluter Wert	abs	abs(-3)
π	pi()	pi()*1.5^2
Abrunden	rounddown	rounddown (3.9)
Aufrunden	roundup	roundup (3.1)

Anstatt der Zahlen können auch in den Formeln bereits definierte Parameter verwendet werden. Wichtig dabei ist jedoch, auf die exakte Schreibweise der Parameter zu achten (Groß-/Kleinschreibung!).

Wie in den nachfolgenden Beispielen ersichtlich, können auch Dezimalzahlen oder Bruchzahlen verwendet werden. Es gelten dabei die allgemeinen mathematischen Regeln („Punkt vor Strich" etc...).

Weitere Beipiele:

- Höhe + Breite + sqrt(Höhe*Breite)
- Wand 1 + Wand 2
- Länge * Breite
- Länge * Breite * Höhe
- 100 m * cos(Winkel)
- 2*abs(a) + abs(b/2)
- Länge/Abstand

Bei Parameternamen in Formeln wird die Groß- und Kleinschreibung berücksichtigt. Wenn ein Parameter z.B. mit einem Großbuchstaben beginnt, wie Breite, müssen Sie ihn in der Formel mit einem großen Anfangsbuchstaben eingeben. Wenn Sie ihn mit Kleinbuchstaben

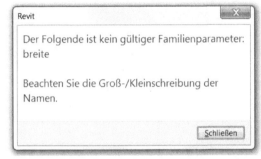

in eine Formel eingeben, z.B. „breite * 2", kann die Software die Formel nicht erkennen.

 Achtung: Bevor die Formeln eingefügt werden, müssen bei Parameterwerte sinnvolle Werte eingestellt werden.

Würde z.B. die Modulbreite auf 0 belassen werden, würde sich bei der Formel „Länge dividiert durch Modulbreite" eine mathematisch unlösbarer Ausdruck ergeben und Revit würde eine entsprechende Fehlermeldung als Ergebnis liefern (da eine Division durch 0 nicht erlaubt ist). Die Länge des Bauteils wiederum muss so lang sein, dass die Anzahl der Module mindestens 2 ergibt. Wird die Anzahl kleiner als 2, funktioniert die Reihenfunktion nicht mehr. Für unser Projekt wäre das aus meiner Sicht unproblematisch, da die Familie ja als Reihenmodul gedacht ist. Werden Einzelmodule gebraucht, kann auf die entsprechende Familie zugegriffen werden. Stellen Sie deshalb sicher, dass die vorgewählten Werte keine

Konflikte mit den Geometrien und Formeln verursachen. Mit Hilfe einer Bedingung werden wir später zusätzlich noch sicherstellen, dass die Reihenanzahl immer mindestens 2 beträgt.

Wählen Sie für alle drei Typen für die Länge den Wert 6000.

Geben Sie die Modulbreite und –höhe jeweils gemäß den Typen an (Breite x Höhe) an:

EOS: 600 x 900mm

EcoPower: 1000 x 1500mm

SunTech: 900 x 1200mm

 Tipp: Mit den Pfeil auf-/Pfeil ab- Tasten können Sie direkt in die nächste Zeile springen.

Geben Sie als Nächstes in der Zeile „Modulanzahl" in der Spalte „Formel" den Text „Länge/Modulanzahl" ein, um eine entsprechende Berechnung zu erhalten. Klicken Sie auf den Button „Anwenden" um die Auswirkungen auf die Zeichnung sehen zu können.

Die Spalte „Wert" wird ausgegraut dargestellt werden, da der Wert ab sofort über die Formel gesteuert wird.

 Tipp: Das kann auch dazu verwendet werden, um Parametern einen unveränderbaren Wert im Projekt zu geben.

Setzen Sie die Länge auf den Wert 4800, sieht man jedoch, dass aufgrund der mathematischen Rundung die Modulanzahl aufgerundet wird und somit das Element „übersteht". Das ist später beim Modellieren im Projekt möglicherweise störend. Seit der Version 2012 kann dies über die Formel „rounddown" bzw. „roundup" gesteuert werden.

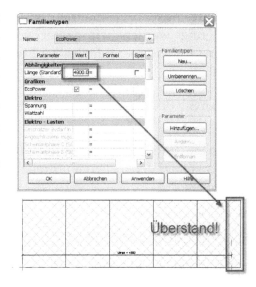

Tipp: Als „Trick" in älteren Versionen kann einfach bei der Formel der Wert -0.4999 angehängt werden. Damit wird erreicht, dass die Anzahl immer auf den kleineren Wert gesetzt wird.

Analog dazu würde mit dem Wert +0.4999 immer aufgerundet werden!

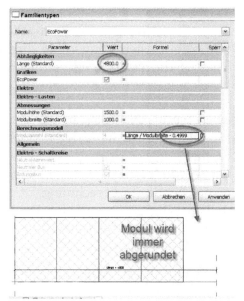

Für Versionen ab 2012 gilt dafür die Syntax: „rounddown (Länge/Modulbreite)"

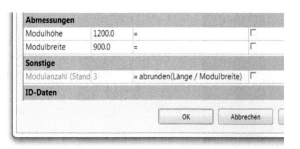

Man erkennt aber auch, dass die Länge nicht gleich zwingend die Länge der Reihe (und somit der späteren Schiene) ist. Daher setzen wir gleich noch einen (gemeinsam genutzten) Parameter für die Reihenlänge ein.

Gehen Sie dazu wie oben gezeigt vor, ergänzen Sie den Parameter mit dem Namen „Reihenlänge" und fügen Sie ihn zu den Familientypen hinzu.

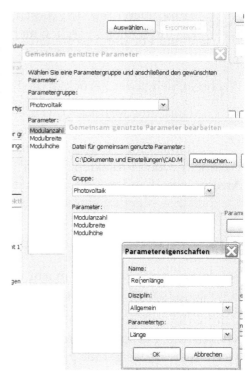

Ergänzen Sie den Parameter mit der Formel „Modulanzahl * Modulbreite", um den richtigen Wert berechnet zu bekommen.

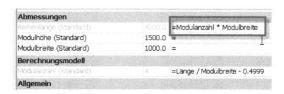

Damit auch die Geometrien für alle drei Typen zur Verfügung stehen, müssen im Folgenden noch die Reihen mit den Bauteilen EOS und SunTech angelegt werden.

Um die Einstellungen überprüfen zu können, müssen wir die Familie in eine Projektumgebung einfügen. Speichern Sie deshalb die Datei unter dem Namen „Modulreihe" ab und öffnen Sie ein neues Projekt. Lassen Sie dabei die Familie einfach im Hintergrund offen (also nicht „Projekt schließen").

Über den Befehl FENSTER WECHSELN können nun alle im Moment offenen Projekte angewählt werden.

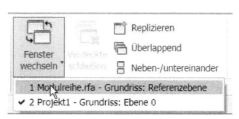

Tipp: Fügen Sie sich diesen Befehl ggf. in der Schnellzugriffsleiste ein um schnell zwischen mehreren Projekten wechseln zu können.

Wechseln Sie wieder zurück in die Familie „Modulreihe".

 Tipp: mit VERDECKTE FENSTER SCHLIEßEN werden alle geöffneten Fenster im Hintergrund geschlossen, es bleibt pro offenem Projekt immer nur 1 Fenster offen. Das erleichtert die Übersicht beim Wechseln von Projekten, wenn mehrere Projekte bzw. viele offene Ansichten vorhanden sind.

3.4.6 Feuertaufe: Die Familie in ein Projekt laden

Bei komplexen Familien macht es durchaus Sinn, zwischendurch die erstellten Bauteile in der Projektumgebung zu testen, da dort die Sichtbarkeiten und Abhängigkeiten besser zu erkennen sind.

Klicken Sie auf den Button IN PROJEKT LADEN um die Modulreihe in das gerade geöffnete Projekt einzufügen. Sind mehrere Projekte geöffnet, können Sie mit Hilfe eines Auswahlfensters bestimmen, in welches Projekt die Familie eingefügt werden soll. Setzen Sie dazu die Häkchen bei den aufgeführten Einträgen.

 Tipp: Bei komplexeren Familien bzw. Projekten kann es durchaus hilfreich sein, die Familie zu Testzwecken nicht gleich in das gewünschte Projekt einzufügen, sondern erst in einem „Testprojekt" die Funktionalitäten zu überprüfen, da man in einem kleineren Projekt mögliche Fehler nachvollziehen kann.

Nach dem Einfügen der Familie ins Projekt ist diese nicht platzierbar, es erscheint ein „Parkverbotssymbol". Woran liegt das?

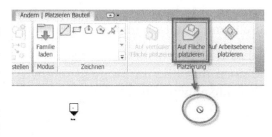

In der Rubrik „Platzierung" ist im Moment die Option „Auf

Fläche platzieren" aktiv, daher sucht Revit auch nach einer entsprechenden Geometrie. Da in meinem Fall keine solche Fläche zur Verfügung steht, kann das Bauteil auch nicht abgesetzt werden.

Mit dem Button AUF ARBEITSEBENE PLATZIEREN kann das Bauteil direkt auf die im Moment aktive Ebene eingefügt werden (das dürfte aktuell die Ebene 0 sein, prüfen Sie ggf. die aktive Ebene über den Projektbrowser).

Da wir, wie vorher schon erwähnt, eine Familie gewählt haben die „arbeitsebenenbasiert" ist, können wir zwischen diesen Optionen wählen.
Wäre die Familie *nicht* arbeitsebenenbasiert, wäre der Button „Auf Fläche Platzieren" nicht wählbar. Für uns ist diese Funktion aber später beim Platzieren auf einer Dachschräge wichtig.

Platzieren Sie die Familie mehrere Male durch jeweils zwei Klicks auf die Zeichenfläche. Stellen Sie die verschiedenen Typen der Familie zur Kontrolle ein.

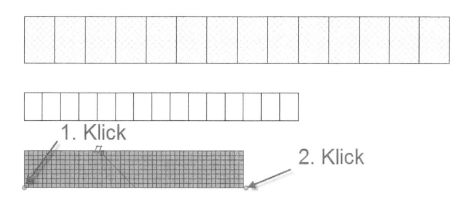

3.4.7 Mängelbeseitigung: Exemplar- und Typenparameter ändern

Sicherlich wird nicht immer alles so nach Plan laufen wie in diesem Beispiel. Was also tun, wenn die Familie nicht wie gewünscht funktioniert?

Um generell Überraschungen zu vermeiden, ist es natürlich sinnvoll, die Familie innerhalb des Editors in alle Richtungen zu flexen. Trotzdem werden manche Fehler erst später im Projekt ans Tageslicht treten. Vor allem die Sichtbarkeiten von Volumenkörpern ist im Editor nicht immer klar erkennbar. Daher macht es durchaus Sinn, das Bauteil in einer Projektumgebung ab und zu zu testen.

Es könnte z. B. ein Fehler bei der Einstellung der Parameter unterlaufen sein: Anstatt die Modulbreite und -höhe als Typenparameter zu definieren, sind sie als Exemplarparameter eingestellt worden.

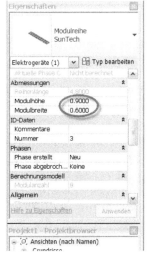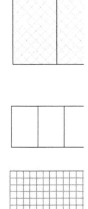

In diesem Fall würde man beim Einfügen der Reihen bei unterschiedlichen Typen nicht die dazu passende Länge erhalten. Die Formel der Längenermittlung würde auf falsche Werte zugreifen, da die Exemplarparameter mit den Werten des ersten eingefügten Typen überschrieben werden würden.

Tipp: Würden im Familieneditor die Werte geändert und die Familie wieder in das Projekt eingefügt werden, würde man beim Einfügen auswählen können, ob die Werte der Parameter überschrieben werden sollen oder nicht. Diese Überschreibung betrifft allerdings nur die Typenparameterwerte, nicht die Werte der Exemplarparameter.

Die Reparatur eines solchen Fehlers soll im Folgenden kurz beispielhaft als Vorgang beschrieben werden.

Wechseln Sie in die Familie hinein (entweder über das Fenster-wechseln-Symbol oder über Familie bearbeiten) und rufen sie dort die Familientypen auf.

Klicken Sie in die Zeile des Parameters „Modulreihe", klicken Sie auf „Ändern" und wählen Sie dort die Option „Typ" aus.

Wiederholen Sie dies für den Parameter „Modulbreite".

Laden Sie anschließend die Familie wieder in das Projekt.

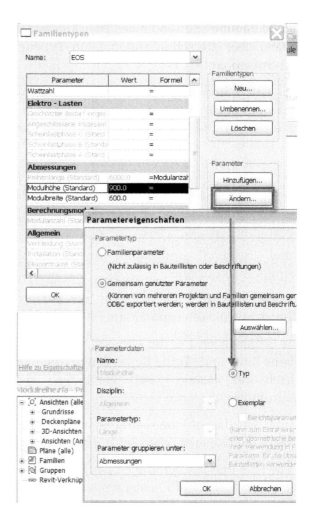

3.4.8 Family reloaded: Parameterwerte überschreiben?

Revit wird die oben erwähnte Dialogbox öffnen, in der Sie die Art der Überschreibung wählen können. In unserem Falle bringen beide Methoden dasselbe Ergebnis, da wir nicht den Wert des Typenparameters geändert haben.

Wann ist „Bestehende Version überschreiben" sinnvoll? Verwenden Sie diese Option immer dann, wenn

Sie die Familie während eines Projektes verändert haben, beim Einfügen ins Projekt aber die schon angepassten Typenparameter des Projektes weiter beibehalten wollen.

Das Überschreiben der Parameterwerte dagegen ist sinnvoll, wenn die Typenparameterwerte der Familie gegenüber denen des Projektes Vorrang haben sollen. Dies ist oft beim Ändern von Beschriftungsfamilien der Fall.

3.4.9   Schiene in Familie einfügen

Als Nächstes wird noch die Schiene in der Modulreihe benötigt, öffnen Sie daher die Datei „Schiene" und laden Sie sie in die Familie „Modulreihe".

Blenden Sie sich alle Module zur besseren Übersichtlichkeit temporär aus.

Die Schienen sind in der Längsrichtung an die Ebene links und an die Reihenlänge (die nicht

gleich der „Länge" ist!) gebunden, in vertikaler Richtung an die Modulhöhe.

Damit wir die Schiene richtig steuern können, brauchen wir deshalb zuerst jeweils eine Referenzebene in horizontaler und eine in vertikaler Richtung.

Geben Sie den Ebenen die Abhängigkeiten entsprechend ihrer Lage. Setzen Sie dazu wieder die entsprechenden Bemaßungen und weisen Sie die bereits bestehenden Parameter „Reihenlänge" und „Modulhöhe" zu.

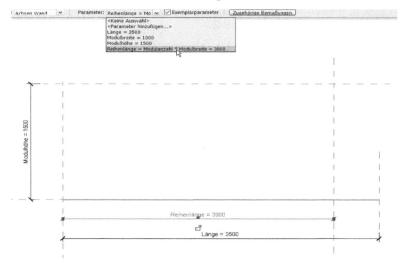

Platzieren Sie nun die Schiene mit dem Befehl „Bauteil" neben den Ebenen und richten Sie sie anschließend daran aus.

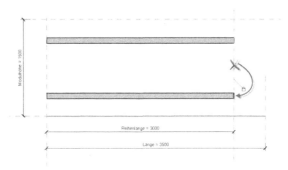

 Tipp: Nehmen Sie zuerst die vertikalen Ebenen und die Kanten der Schiene, dann erst die horizontalen Ebenen, das erleichtert die Übersicht.

Denken Sie wieder an das Sperren der Abhängigkeiten, damit die Schiene alle Veränderungen mitmacht!

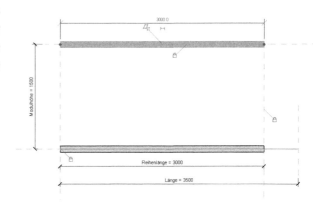

Flexen Sie anschließend gleich die Familie mit Hilfe der angelegten Typen und achten Sie auf die Lage der Schiene. Blenden Sie eventuell störende Module ruhig wieder aus.

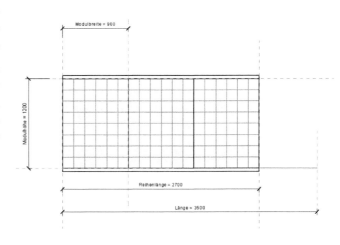

3.4.10 Sichtbarkeitsparameter für Schiene definieren

Prinzipiell stehen drei Möglichkeiten zur Verfügung, die Sichtbarkeiten der Volumenköper in Familien zu steuern:

- über die Unterkategorien

- über den Detaillierungsgrad

- über Sichtbarkeitsparameter

In unserem Fall ist letztere Methode die geeignetste, da mit ihr später im Projekt individuell für jedes Exemplar einzeln gesteuert werden kann, ob bestimmte Elemente sichtbar sein sollen oder nicht.

Um einem Volumenkörper einen Sichtbarkeitsparameter hinzufügen zu können, müssen sie den Körper anwählen und dann in der Zeile „Sichtbarkeit" auf das Kästchen am rechten Rand klicken. Hiermit kann wieder – wie schon zuvor geschehen, eine Eigenschaft mit einem Parameter verknüpft werden.

Da die Schiene aufgrund der benötigten Einbausituationen nicht immer zwingend oben und unten benötigt werden wird, muss für die obere und für die die untere Schiene je ein Sichtbarkeitsparameter hinzugefügt werden. Im Projekt kann dann manuell bestimmt werden, welche Schiene jeweils sichtbar sein soll.

Fügen Sie daher entsprechend den Parameter „Schiene oben" und „Schiene unten" als gemeinsam genutzten Parameter hinzu (dann können wir ihn später für die Bauteilliste wieder hinzuziehen).

Beachten Sie dabei, die Einstellung des Parametertyps auf „Ja/Nein" zu setzen, damit der Parameter als „Bedingungsparameter" dienen kann.

Weisen Sie den Schienen den passenden Parameter als Sichtbarkeitsparameter (Exemplar) zu und lassen Sie ihn wieder unter „Grafiken" gruppieren.

Speichern sie die Familie ab und laden Sie sie wieder ins Projekt, um die korrekte Funktionsweise zu überprüfen.

Verwenden Sie dabei die Option BESTEHENDE VERSION ÜBERSCHREIBEN.

Im Grundriss sind die Schienen im Moment nicht sichtbar, das liegt daran, dass die Schiene im Moment noch unterhalb der Ebene eingefügt wurde und der Sichtbarkeitsbereich nur bis zur Ebene reicht. Die korrekte Höhe wird im Anschluss noch definiert.

Überprüfen Sie zunächst die korrekte Funktionsweise der Familie in der 3D-Ansicht. Wählen Sie eine Reihe an und probieren Sie alle Varianten einmal durch.

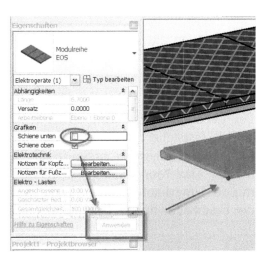

Tipp: Klicken Sie nach Änderung des Status des Sichtbarkeitsparameters auf „Anwenden", oder ziehen Sie die Maus aus dem Eigenschaften Fenster heraus, um das Ergebnis betrachten zu können.

3.4.11 Modulreihe auf Fläche platzieren

Probieren Sie nun, das Bauteil auf ein Dach zu legen. Erstellen Sie sich dazu ein kleines Dach und wählen Sie nochmal die Modulreihe. Da diesmal die Reihe auf die Dachschräge gelegt werden soll, muss in der Entwurfsleiste die Option AUF FLÄCHE PLATZIEREN eingestellt werden.

Zeigen Sie nun auf eine Dachschräge, so wird diese Fläche mit einem Rahmen hervorgehoben werden. Klicken Sie nun zweimal auf das Dach, um die Familie zu platzieren.

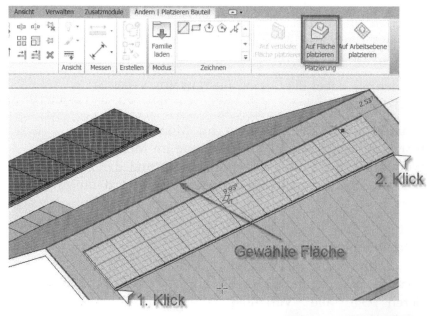

Bei genauer Betrachtung wird man jedoch feststellen, dass die Schienen noch zu tief liegen, sie ragen ins Dach hinein. Das Modul sollte allerdings mit der Unterkante generell 15cm über der Dachfläche liegen.

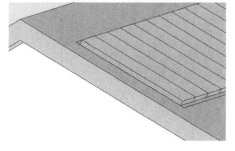

Dazu müssen wir die Familie entsprechend ergänzen, wechseln Sie deshalb in den Familieneditor zurück.

3.4.12   Feintuning: Platzierungsebene einstellen

Wählen Sie die Ansicht von rechts und fügen Sie eine weitere Referenzebene ein, die 150mm über der unteren Ebene liegt. Sie können dieses Maß, wenn Sie wollen, auch absperren, damit sich diese Referenz nicht ändern kann.

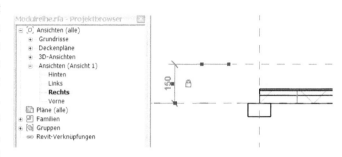

 Tipp: Wenn der Abstand variabel sein soll, kann selbstverständlich auch ein entsprechender Parameter eingefügt werden.

Auf diese Ebene sollen nun die bereits angelegten Modulreihen „gehoben" werden. Wählen Sie dazu eine der Modulreihen an und aktivieren Sie den Befehl GRUPPE BEARBEITEN.

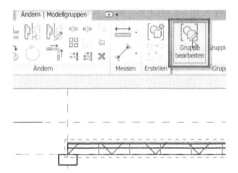

 Achtung: Würden Sie nicht in den Bearbeitungsmodus wechseln, würden sich die folgenden Änderungen nicht gleichmäßig auf alle Mitglieder der Gruppe auswirken.

Richten Sie jetzt das Modul an der Referenzebene aus und sperren Sie die Abhängigkeit. Klicken Sie anschließend auf FERTIG STELLEN.

Modul an Ebene ausrichten

Wiederholen Sie den Vorgang für die anderen Module.

Richten Sie anschließend noch die Schienen an der Unterkante der Ebene aus.

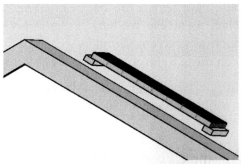

Wenn Sie anschließend die Familie wieder in das Projekt laden, werden Sie sehen, dass die Module jetzt über der Dachhaut „schweben". In der Realität würde die Konstruktion von entsprechenden Dachhaken gehalten werden, die wie anfangs definiert separat ausgewertet bzw. ggf. gezeichnet werden sollen. Es wäre genauso möglich die Dachhaken in die Familie der Module zu integrieren oder auch nur über eine Formel auswerten zu lassen. Damit die Performance der Hardware stabil bleibt, sollten generell immer nur Bauteile modelliert werden, die auch tatsächlich im Projekt benötigt werden.

Damit wäre die Definition der Familie im Wesentlichen abgeschlossen. Werfen wir Als Nächstes noch einen Blick auf die Auswertung der Familie in den Bauteillisten.

 Das fertige Bauteil finden Sie im Datensatz unter dem Namen `Modulreihe.rfa`.

3.5 Auswerten der Familie in Bauteillisten

Nach dem Einfügen der Familie in eine Standard-Vorlage ist keines der Bauteile in einer Bauteilliste sichtbar.

Fügen Sie deshalb zuerst eine neue Bauteilliste der Kategorie „Elektrogeräte" in das Projekt ein.

Gehen Sie dazu in der Rubrik ANSICHT auf den Befehl BAUTEILLISTEN / MENGEN.

Wählen Sie anschließend die Kategorie „Elektroinstallationen" aus.

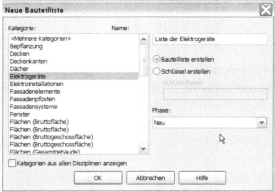

In der folgenden Dialogbox können Sie die Parameter bestimmen, die in der Liste erscheinen sollen. Wählen Sie dazu aus der linken Seite den gewünschten Parameter und klicken Sie auf „Hinzufügen", damit er auf die rechte Seite gelangt. Über den Button „Nach oben" bzw. „Nach unten" können Sie die Reihenfolge der Parameter in der Liste bestimmen.

Für unser Beispiel könnten zunächst folgende Parameter interessant sein:

Nummer

Reihenlänge

Modulanzahl

Modulbreite

Modulhöhe

Schiene oben

Schiene unten

Typ

 Tipp: Sollten noch weitere Parameter benötigt werden, so kann man sie jederzeit ergänzen.

Schließen Sie vorerst die Dialogbox mit OK um einen ersten Eindruck der Bauteilliste zu erhalten. Die Liste wird nun (je nach Art und Anzahl der eingefügten Modulreihen) in etwa wie unten stehend aussehen.

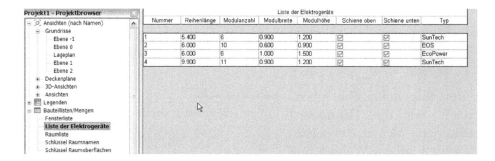

3.5.1   Formeln und berechnete Werte in Listen

Um die bestehende Liste ändern zu können, klicken Sie auf den Button BEARBEITEN in der Zeile „Felder" in den Eigenschaften der Bauteilliste.

In der Bauteilliste können zusätzlich zu den vorhanden Parametern auch „berechnete Werte" hinzugefügt werden. Diese Werte können sich wiederum aus den Parametern oder auch aus freien Zahlen erstellen lassen. Für unser Beispiel könnte z.B. für die Ermittlung der Leistung der Module die Fläche interessant sein, die sich aus den Werten der Reihenlänge und der Modulhöhe zusammensetzt.

80

Mit der Option **Formel** können mathematische Operationen ausgeführt werden. Dazu zählen (analog zu den Familien):

Bezeichnung	Schreibweise	Beispiel
Addition	+	2+3
Subtraktion	-	5-2
Multiplikation	*	15/3
Division	*	2*3
Potenzen	^	2^3
Logarithmus	log	log(3)
Quadratwurzel	sqrt	sqrt(2)
Sinus	sin	sin(30)
Kosinus	cos	cos(30)
Tangens	tan	tan(30)
Arkussinus	asin	asin(30)
Arkuskosinus	acos	acos(30)
Arkustangens	atan	atan(30)
Exponent zur Basis e	exp	exp(3)
Absoluter Wert	abs	abs(-3)
π	pi()	pi()*1.5^2
Abrunden	rounddown	rounddown (3.9)
Aufrunden	roundup	roundup (3.1)

Bei der Kombination der Rechenarten gelten die allgemeinen Regeln der Mathematik (Punkt vor Strich, etc.).

 Achtung: Bei Parameternamen in Formeln wird die Groß- und Kleinschreibung berücksichtigt. Wenn ein Parameter z.B. mit einem Großbuchstaben beginnt, wie Breite, müssen Sie ihn in der Formel mit einem großen Anfangsbuchstaben eingeben. Wenn Sie ihn mit Kleinbuchstaben in eine Formel eingeben, z.B. breite * 2, kann die Software die Formel nicht erkennen.

Disziplin: Gibt andere Einheitentypen frei. Bei der Disziplin „Elektrisch" ist dies z.B. Wattzahl und Beleuchtungsstärke, bei „Tragwerk" entsprechend z.B. Flächenkraft oder Moment.

Typ: Da die Disziplin „Allgemein" am häufigsten gebraucht wird, sollen die zugehörigen Typen kurz beleuchtet werden.

- Text: Eignet sich nicht für Berechnungen, sondern nur für die Ausgabe von Texten. Wollen Sie den Text 2*3 ausgegeben haben, so setzen Sie ihn in Anführungszeichen!

- Ganzzahl: Das Ergebnis wird immer zu einer Ganzzahl auf- oder abgerundet, es können keine spezifischen Formate bzw. Einheiten angegeben werden

- Zahl: Gibt eine beliebige Zahl ohne fixe Einheit aus, die Nachkommastellen können bei Bedarf manuell angegeben werden (Rubrik „Formate").

- Länge, Fläche, Volumen, Winkel, Neigung, Währung: Gibt beliebige Zahlen aus, erwartet aber immer die entsprechende Einheit im Ergebnis (bei Längen m, bei Flächen m² etc).

Unter **Formate** können Rundung sowie spezifische Einstellungen zur Einheit angegeben werden.

 Achtung: Formel/Prozentsatz, Disziplin und Typ können nicht nachträglich wieder verändert werden! Bemühen Sie sich also, falsche Angaben zu vermeiden.

Klicken Sie für unser Beispiel zunächst auf den Button „Berech. Werte" und vergeben Sie den Namen „Fläche Modulreihe".

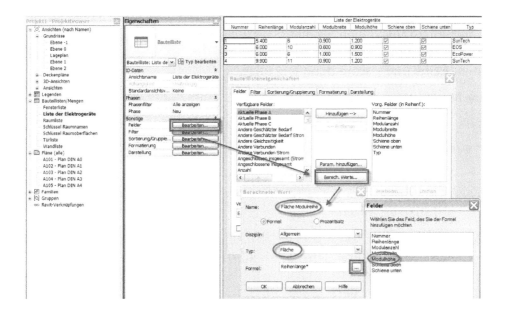

 Achtung: Achten Sie darauf, bei „Typ" die richtige Einheit des Ergebnisfeldes zu definieren (für unser Beispiel „Fläche"), Sie erhalten sonst die Fehlermeldung „inkonsistente Einheiten".

Im Feld „Formel" können Sie anschließend den Rechenansatz definieren. Mit dem kleinen Feld rechts an der Seite kann dabei direkt auf die schon definierten Parameter zugegriffen werden.

Hinweis: Vor der Version 2011 gibt es diese Möglichkeit nicht!

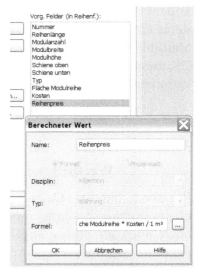

Alternativ können Sie die Parameter manuell eintragen oder freie Werte eingeben. Achten Sie in diesem Fall aber auf exakte Schreibweisen (Groß – und Kleinschreibung, Leerzeichen, etc.). Die Einheiten der Parameter müssen dabei nach den mathematischen Regeln die Einheit des Feldes ergeben, also im Beispiel: Reihenlänge [in m] * Modullänge [in m] ergibt m².

Würde man z.B. die Kosten der Module bezogen auf die Reihenfläche auswerten wollen, könnte man dazu den Parameter „Kosten" aus der Parameterliste auswählen, in den man zunächst die Kosten/m² als Wert für jeden Modultypen hinterlegen kann. Der Ansatz für die Formel der Kosten/Reihe (in €) wäre dann wie folgt:

Fläche Modulreihe * Kosten /1 m²

da gilt:

m² * € /m² = €

Tipp: Ab der Version 2011 können Sie auch im Zweifelsfalle nur „/1" ergänzen, Revit wird dann versuchen, die benötigten Einheiten selbst zu ergänzen.

Hinweis: Sie können die Werte für die Kosten

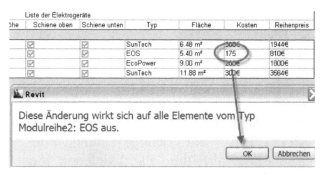

auch gleich in der Bauteilliste eintragen. Da dieser Parameter ein Typenparameter ist, gibt Revit eine entsprechende Meldung aus, die Sie mit OK bestätigen können, um den Wert zu setzen. Dieser Wert gilt dann logischerweise für alle Exemplare dieses Typs.

3.5.2   Freie   Arbeitsebene   und   Ansichtsrichtung wählen

Erweitern Sie das Dach evtl. zu einem Kehldach, damit wir hier auch noch an etwas kniffligeren Ecken die korrekte Funktionsweise unserer Familie beleuchten können.

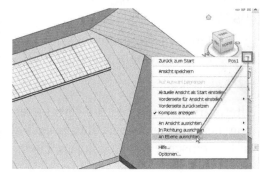

Belegen Sie die Fläche mit weiteren Reihen, dann ist es nötig, dass die anschließenden Reihen genau in der Mitte der Schiene aneinander stoßen. Außerdem sollten die Außenkanten an den Giebelseiten genau übereinander liegen. Damit Sie möglichst einfach arbeiten können, kann es sinnvoll sein, die 3D-Ansicht an der Dachschräge auszurichten, damit wir lotrecht auf diese Fläche blicken können. Klicken Sie dazu auf den kleinen Pfeil, der neben dem View-Cube (nur in 3D-Ansichten sichtbar) liegt. Alternativ geht auch ein Klick mit der RMT auf den View-Cube.

Wählen Sie aus dem erscheinenden Menü den Eintrag AN EBENE AUSRICHTEN aus und wählen Sie die Option „Ebene auswählen".

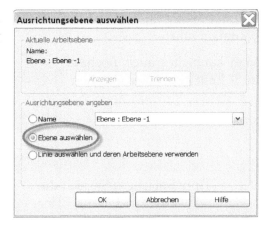

Klicken Sie anschließend auf die Dachschräge, achten Sie dabei auf die Auswahl der richtigen Fläche, Sie sehen dies an der farblichen Hervorhebung.

Die Ansicht wird daraufhin lotrecht auf diese Fläche gerichtet. Sie können das auch an der Richtung des View-Cubes erkennen.

Jetzt können Sie gezielt weitere Reihen ergänzen. Sie können dazu wie gewohnt die Fangpunkte benutzen, aber auch Kopieren der Reihe und der Ausrichten – Befehl funktionieren.

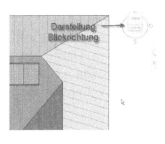

 Hinweis: Das Ausrichten in der 3D-Ansicht ist vor der Version 2011 eventuell etwas hakeliger, da nicht alle Kanten automatisch erkannt werden. Auch das Menü ist dort etwas mehr versteckt: Rufen Sie zuerst das Steering-Wheel auf (die Lupe gleich unter dem View-Cube) und klicken Sie dort auf die RMT.

Wenn man die Elemente z.B. mit KOPIEREN an die gewünschte Stelle setzt, erhält man von Revit gleich den Hinweis auf unser nächstes Problem:

Die dort erwähnten „identischen Exemplare" sind unsere Schienen, die im Moment immer oben und unten an den Elementen sitzen, was zu doppelten Bauteilen führt.

Man kann dies auch nochmal im Schnitt gut nachvollziehen:

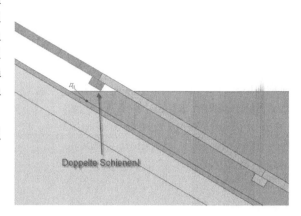

Tipp: Speichern Sie sich die aktuelle Einstellung der ausgerichteten 3D-Ansicht, indem Sie mit der RMT auf den View-Cube klicken und den entsprechenden Befehl auswählen. Es wird daraufhin eine neue Ansicht zum Projektbrowser hinzugefügt.

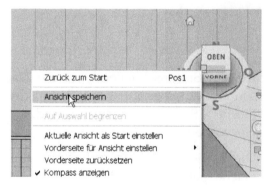

In meinem Beispiel muss ich in der Kehle die letzte Reihe um 2 Elemente verkürzen. Daraus ergibt sich die Notwendigkeit, dass die obere Kante der ersten Reihe keine Schiene erhält. Das kann man nun einfach über die Sichtbarkeiten der Reihe regeln:

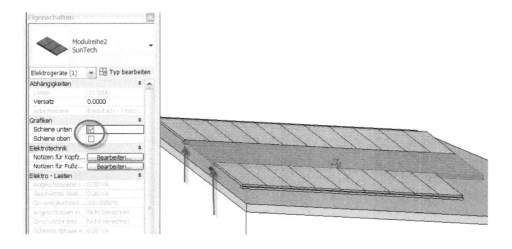

Setzen Sie nach den erforderlichen Gegebenheiten die Häkchen auf aktiv bzw. nicht aktiv. Damit können wir erreichen, dass sowohl die Zählung als auch die grafische Darstellung passt.

3.6   Bedingte Operationen in Formeln

Parameter bzw. deren Werte oder Formeln können in Beziehung zueinander gebracht werden, um Aktionen ausführen zu lassen, die von den Werten der Parameter abhängig sind. Folgende Bedingungen bzw. Operationen sind in Revit möglich:

- If-Bedingung (Wenn/Dann Bedingung)
- Boolsche Operationen (and, or, not)
- Vergleichsfunktionen (<, >, =)
- Ja/Nein-Bedingungen

Die Bedingungen können auch untereinander kombiniert werden, z. B. eine Wenn-Dann Bedingung mit einer Vergleichsfunktion.

3.6.1   If-Bedingung

Eine Wenn/Dann-Bedingung ist folgendermaßen aufgebaut:

IF (<Bedingung>, <Anweisung-wenn-wahr>, <Anweisung-wenn-falsch>)

Beispiel: Begrenzen der möglichen Werte für einen Reihenparameter auf mindestens 2.

In Revit Architecture können Reihen nur Ganzzahlenwerte von zwei und größer haben. In manchen Fällen kann es angebracht sein, eine Formel mit Bedingungen zu erstellen, damit der Reihenparameter auf zwei eingestellt bleibt, obwohl der berechnete Wert eins oder gar null beträgt. Beträgt der berechnete Reihenwert zwei oder mehr ist, wird dieser Wert beibehalten. Wenn der errechnete Wert allerdings eins oder null beträgt, ändert ihn die Formel in zwei.

Formel: IF (Anzahl < 2, 2, Anzahl)

Das können wir in unsere Familie mit einbauen, damit die Reihe immer mindestens zwei Module erhält (auch wenn sie kürzer gezeichnet werden würde).

Da der schon bestehende Parameter Modulanzahl jedoch mit einer Formel zur Errechnung des Wertes belegt ist, muss dazu zuerst ein weiterer Parameter erstellt werden, der die Formel der Modulanzahl übernimmt:

Name: Anzahl

Parametertyp: Ganzzahl

Gruppieren unter: Sonstige

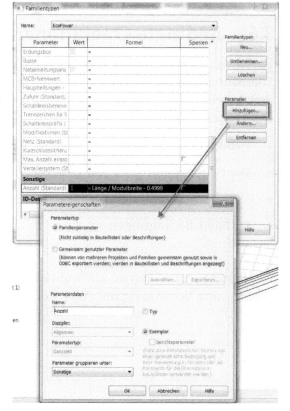

Hinweis: Die Gruppe „Sonstige" erscheint in den Eigenschaften immer ganz unten und wird von mir oftmals für „nachrichtliche" Parameter benutzt. Man könnte dafür auch eine andere Kategorie benutzen.

Kopieren Sie die Formel aus dem Parameter Modulanzahl mit (Strg+C/Strg+V) in den neuen Anzahl-Parameter.

Im Formelfeld des Parameters Modulanzahl kann jetzt die Bedingung eingesetzt werden:

IF (Anzahl < 2, 2, Anzahl)

Abmessungen			
Reihenlänge (Stan	2000.0	= Modulanzahl * Modulbreite	⌐
Modulhöhe	1500.0	=	⌐
Modulbreite	1000.0	=	⌐
Berechnungsmodell			
Modulanzahl (Stan	2	= if(Anzahl < 2, 2, Anzahl)	⌐
Allgemein			

Es wird ab sofort zuerst die exakte Reihenanzahl berechnet, anschließend wird dieser Wert mit Hilfe der Bedingung geprüft und im Falle dass der Wert kleiner als 2 ist mit der Zahl 2 ersetzt. In allen anderen Fällen wird der Wert der Anzahl übernommen. Würde also die Reihe so klein gezeichnet werden, dass nur 1 Modul darauf Platz hätte, wird die Reihe mit 2 Modulen gezeichnet. Da die zur Auswertung benötigte Reihenlänge wiederum über den Parameter „Modulanzahl" berechnet wird, ist diese richtig.

⚠ Achtung: Beachten Sie immer alle Werte und deren Beziehungen untereinander, damit sich bei der Auswertung keine Fehler einschleichen können!

3.6.2 Boolsche Operationen

Als Boolsche Operationen stehen in Revit *and* (beide Bedingungen sind wahr), *or* (Bedingung a oder Bedingung b ist wahr) oder *not* (die Bedingung ist nicht wahr) zur Verfügung.

3.6.3 Vergleichsfunktionen

Als Vergleichsfunktionen stehen in Revit derzeit „Kleiner" (<), „Größer"(>) und „Gleich"(=) zur Verfügung. Um ≤ („Kleiner-Gleich") zu erhalten wendet man die Bedingung „Nicht größer als" an. Um z. B. den Ausdruck a≤b zu beschreiben, verwendet man also not(a>b).

3.6.4 Ja/Nein-Bedingungen

Diese Bedingungen geben ein Ergebnis aus, ob die Bedingung besteht oder nicht. Die Ja/Nein Bedingungen werden in Revit mit Checkboxen dargestellt. Ist das Häkchen gesetzt, ist die Bedingung „wahr", ansonsten ist sie „falsch". Eine solche Bedingung haben wir bereits bei der Sichtbarkeit der Schiene eingesetzt. Ist das Häkchen gesetzt, ist die Bedingung „Wahr" und der Volumenkörper somit sichtbar.

3.6.5 Sonderfall: Bedingungen mit „Ja/Nein" - Parametern

Ja/Nein-Parameter haben eine Wenn/Dann Abfrage schon hinterlegt. Im Formel-Feld muss daher nur noch die Bedingung eingetragen werden, damit man ein Ergebnis erhält. Das ist deshalb möglich, weil die „Dann" Bedingung nur „Wahr" betragen kann und der „Sonst"- Wert nur „Falsch".

Trägt man als Formel bei einer Ja/Nein Bedingung den Ausdruck *Breite>500* ein, so wird das Häkchen aktiv geschaltet, sobald der Parameter Breite die Größe von 500 Einheiten überschreitet, da automatisch gilt: Wenn die Breite größer als 500 beträgt, ist der Parameter „wahr", ansonsten ist er „Falsch".

Wenn man umgekehrt eine gewisse Aktion veranlassen will, sobald ein Bauteil sichtbar ist, kann man die ja/Nein Bedingung in eine Wenn-/Dann-Bedingung einknüpfen. Dabei muss man nur den Namen des Ja/Nein-Parameters als Bedingung einfügen, Revit wird dann prüfen, ob der Wert „Wahr" ist (also sichtbar) oder nicht.

Ein weiteres Kuriosum ist, dass man mit dem Ausdruck *1<2* das Ergebnis „Wahr" erzwingt, bzw. mit *1>2* das Ergebnis „Falsch".

3.6.6 Bedingungen mit Booleschen Operatoren verknüpfen

Eine praktische Anwendung dazu für unser Beispiel wäre, dass für die Bauteilliste eine Möglichkeit benötigt wird, die Länge der Schienen richtig ermitteln zu lassen. Je nachdem, ob die Schiene einmal, zweimal oder gar nicht aktiviert ist, soll die Länge entsprechend multipliziert werden, damit die richtige Summe entsteht.

In der Bauteilliste könnte das in etwa so aussehen:

Fügen Sie der Bauteilliste ein Feld „Faktor Schiene" hinzu mit dem Typ „Zahl" und der Formel

IF(Schiene oben,1,0)

Schließen Sie die Liste und betrachten Sie das Ergebnis: In jeder Zeile, in der das Häkchen bei „Schiene oben" gesetzt ist (=Wahr), erscheint eine 1 als Ergebnis, bei allen Zeilen in denen das Häkchen fehlt (=Falsch) wird eine 0 eingetragen.

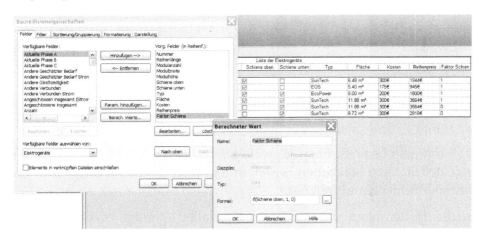

Diese Bedingung allein reicht aber in unserem Falle nicht aus. Es muss vielmehr überprüft werden, ob ein Häkchen gesetzt ist, dann ist der Wert 1, oder ob 2 Häkchen gesetzt sind, dann wird der Wert 2 oder ob keines gesetzt ist, dann wäre der Wert 0.

Es muss also geprüft werden:

> Ist oben und unten aktiv (UND-Prüfung)
> Ist oben oder unten aktiv (ODER-Prüfung)

Diese Art von Prüfungen müssen in der Form geschrieben werden:

> AND(Wert1,wert2,wert3,Wertx)
> OR(Wert1,Wert2,Wert3,Wertx)

Wir wollen also eine Und/Oder-Prüfung in eine Wenn/Dann-Prüfung verschachteln. Oder etwas „maschinentauglicher" geschrieben:

Prüfe ob (oben und unten aktiv, dann setze Wert = 2; ansonsten (Prüfe ob (oben oder unten aktiv ist, dann setze Wert = 1, ansonsten setze den Wert = 0)))

In korrekter Revit-lesbarer Schreibweise lautet die Formel:

IF(AND(Schiene oben, Schiene unten),2,IF(OR(Schiene oben, Schiene unten)1,0))

Setzen Sie diesen Ansatz in die Formel ein, so erhalten Sie die richtigen Faktoren-Werte für unser Beispiel:

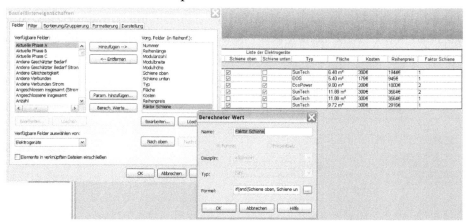

Jetzt kann man bequem über ein weiteres Berechnungsfeld die tatsächliche Länge der Stangen berechnen lassen, indem man die Reihenlänge mit dem Faktor der Schiene multipliziert.

Um die Halterungen der Module zu erhalten, genügt es ebenfalls, ein berechnetes Feld einzufügen. Man könnte dies zwar auch grafisch in der Familie anlegen, dies würde aber keinen Mehrwert an Informationen bringen und die Performance nur unnötig belasten.

Die Formel zur Errechnung der Halter wäre die Anzahl der Module der Reihe plus eins, (da ganz am Ende auch ein Halter benötigt wird) und das Ganze mal den Faktor Schiene.

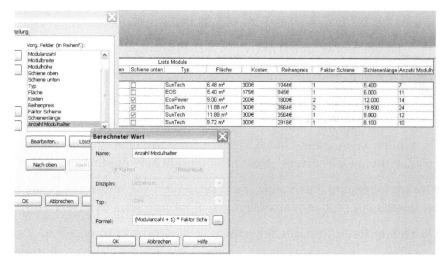

3.6.7   Sortierung und Formatierungen von Listen

Im Folgenden werden wir uns nochmal um die Erscheinungsform der Bauteilliste kümmern.

Über die Eigenschaften (oder alternativ über das Kontextmenü) kann die Bauteilliste zunächst umbenannt werden, was in der Liste auch als Kopf wieder sichtbar wird.

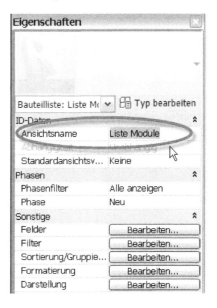

Filter

Über Filter können verschiedene Bedingungen festgelegt werden, welche Bauteile sichtbar sein sollen oder nicht. So wäre es z.B. möglich, die Liste zu splitten, so dass auf jeder Liste immer nur eine Größe von Modulen zu sehen wäre.

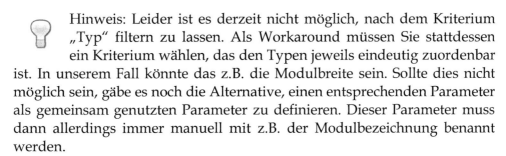

Hinweis: Leider ist es derzeit nicht möglich, nach dem Kriterium „Typ" filtern zu lassen. Als Workaround müssen Sie stattdessen ein Kriterium wählen, das den Typen jeweils eindeutig zuordenbar ist. In unserem Fall könnte das z.B. die Modulbreite sein. Sollte dies nicht möglich sein, gäbe es noch die Alternative, einen entsprechenden Parameter als gemeinsam genutzten Parameter zu definieren. Dieser Parameter muss dann allerdings immer manuell mit z.B. der Modulbezeichnung benannt werden.

Wählen Sie zum Definieren eines Filters zuerst einen Parameter (z.B. Modulbreite), dann einen Operanden (z.B. gleich) und schließlich einen Wert aus (z.B. 1.00). Sie können auch mehrere Bedingungen miteinander kombinieren, z.B. alle Module der Breite 1.00 und mit einer Reihenlänge größer als 2.00.

Sortieren

Mit Hilfe der Sortierungen kann man die Reihenfolge der Auflistung der Bauteile bestimmen und auch, ob bzw. welche Werte zusammengefasst werden sollen.

Die Bauteilliste nach Typ und Schienenlänge sortiert:

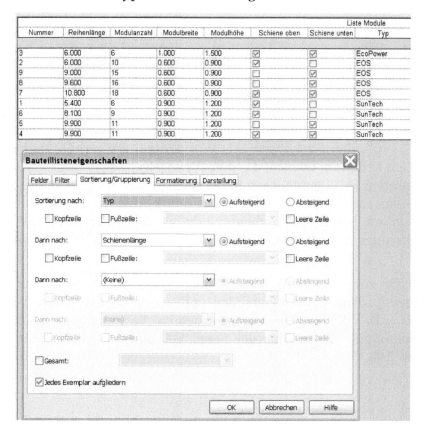

Die gleiche Liste mit Gruppierung nach Typ und Gesamtwerte der Anzahl der Typen:

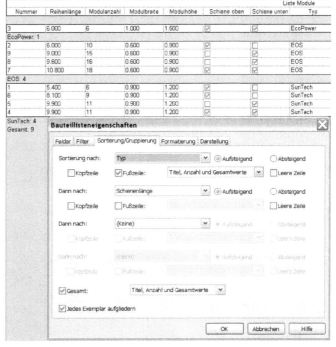

Achtung: Die Gesamtwerte beziehen sich dabei nur auf die Zählung der Sortierung „Typ", wir haben also z.B. 4 Reihen des Typs EOS. Die Zählung der Anzahl der Module kann gesondert definiert werden, siehe weiter unten im Abschnitt unter Formatierung.

Wird das Häkchen bei „Jedes Exemplar aufgliedern" entfernt, so werden identische Exemplare zusammengefasst. Sinnvoll kann das z.B. bei der Zählung von Einbauteilen sein, die Liste wird verkürzt.

Im Karteireiter „Formatierung" kann unter „Feldformat" für jeden Parameter getrennt die Einstellung des Einheitenformates

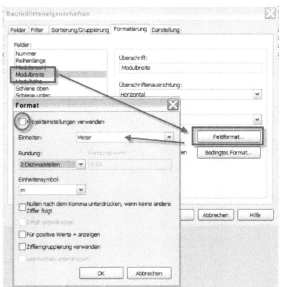

vorgenommen werden. Voreingestellt ist immer die Darstellung der Einheiten des Projektes (=Projekteinstellungen verwenden). Falls das nicht gewünscht sein sollte, so entfernen Sie das Häkchen und wählen Sie eine andere Darstellung aus dem Menü.

Bedingte Formatierungen

Unter dem Punkt „Bedingtes Format" kann man für jeden Parameter getrennt definieren, ob und wann ein Feld farblich abgehoben dargestellt werden soll. Die Vorgehensweise entspricht weitgehend der bei den Filtern.

Es können auch hier mehrere Bedingungen gleichzeitig kombiniert werden.

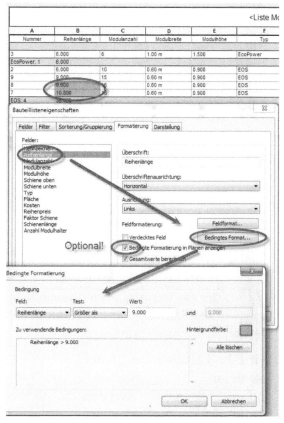

Hinweis: Vor der Version 2011 war der Button nicht vorhanden, die Funktion konnte man aber durch Drücken der Tastaturkombination Alt+D trotzdem erreichen!

Achtung: Bedingte Formatierungen werden zunächst nicht geplottet, falls dies gewünscht ist, muss die Option „Bedingte Formatierung in Plänen anzeigen" aktiviert werden". Diese Option steht ab Version 2016 zur Verfügung!

Summen bilden

Mit der Option GESAMTWERTE BERECHNEN wird definiert, ob die Summen für diese Spalten gebildet werden oder nicht.

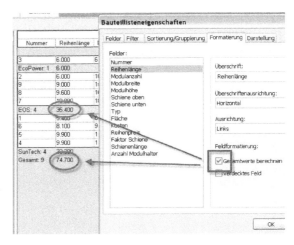

Hinweis: Damit die Summen auch auf der Liste erscheinen, muss im Karteireiter auch die Kopf - bzw. Fußzeile aktiviert sein und/ oder das „Gesamtwerte berechnen" – Feld.

Die Option „Verdecktes Feld" blendet Spalten in der Tabelle aus. Alle Berechnungen funktionieren aber unabhängig davon genauso. Man kann diese Funktion benutzen, um Werte auszublenden, die keinen weiteren Informationsgehalt für den späteren Betrachter haben werden, wie z.B. der Wert des Faktors der Schienenberechnung in unserem Beispiel.

Listendarstellung

In der Rubrik „Darstellung" kann schließlich das Aussehen der Tabelle selbst beeinflusst werden.

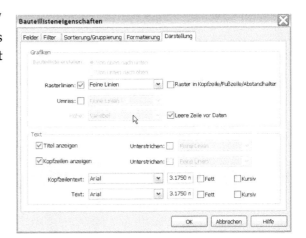

Kopfzeilen gruppieren

Zwei sehr praktische Formatierungsmöglichkeiten der Bauteillisten können nur über das Kontextmenü in der Liste selbst erreicht werden: „Spalten ausblenden" und „Kopfzeilen gruppieren".

Markieren Sie dazu die entsprechenden Spalten bzw. Zeilen, rufen Sie das Kontextmenü auf (RMT) und wählen Sie den Eintrag aus dem Kontextmenü aus.

BRH		
		Letzten Befehl wiederholen
		Kopfzeilen gruppieren
1.705	4.9	Kopfzeilengruppierung aufheben
0.000	1.4	
-0.195	1.2	Neue Zeile
-0.561	2.6	Zeile(n) löschen
-1.760	1.4	
-0.195	1.2	Spalte(n) ausblenden
0.000	1.4	Alle Spalten einblenden

Die markierten Zeilen werden dann z.B. zu einer Spalte zusammengefasst. Anschließend kann ein freier Text in die Zeile eingetragen werden.

Fensterliste

Rohbaumaße		Höhen		
Breite	Höhe	BRH	UK ST	G
1.350	3.200	1.705	4.905	0,00
1.350	1.450	0.000	1.450	0,00
1.350	1.450	-0.195	1.255	5.40

4

Übung 2: Fenster mit Neigungsparameter erstellen

Bei dieser Übung liegt der Schwerpunkt auf der Anwendung von Neigungsparametern und Sichtbarkeitseinstellungen bei der Familienerstellung.

Die Aufgabe: Es soll eine Familie für ein Giebelfenster erstellt werden, das sich mit einem Parameter an die Neigung des Daches anpassen lässt. Weiterhin soll das Fenster durch Sprossen unterteilt werden können. Dabei soll gelten, dass die oberste waagrechte Sprosse jeweils genau im Knick der Dachschräge liegt und verschiedene Varianten der Sprossenteilung zum Tragen kommen sollen.

4.1 Überlegungen zur Vorgehensweise

Die Sichtbarkeiten sollen so geregelt werden, dass das Fenster in den Detaillierungsstufen grob-mittel-fein entsprechende Darstellungen erhält (nur Glas/einfacher Rahmen/detaillierter Rahmen). Die verschiedenen Sprossenvarianten sollen später im Projekt über ein Pull-Down-Menü gewählt werden können.

Damit das Wesentliche erhalten bleibt, soll der Rest der Familie bewusst einfach gehalten werden:

Das Fenster soll einflügelig sein und die Rahmen brauchen keine variablen Parameter. Einzig die Stärke der Sprossen soll im Projekt gewählt werden können (da an diesem Beispiel das Weitergeben der Parameter von verschachtelten Bauteilen gezeigt werden kann).

Meine Skizze dazu:

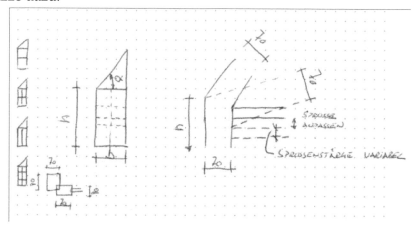

Ein Detail, das etwas mehr Aufmerksamkeit erhalten soll, ist die Definition des Knickpunktes. Die Höhe des Fensters soll sinnvollerweise an der Außenkante des kürzeren Schenkels angegeben werden können. Zusammen mit dem Neigungsparameter ergibt sich daraus automatisch die Gesamthöhe. Die obere Sprosse soll genau mit der Innenkante des Schenkels abschließen, diese soll wiederum je nach Neigung etwas nach unten rutscht. Diese Verschiebung könnte man mit Hilfe der Tangens-Funktion berechnen lassen, besser ist es aber, die Formel - wenn möglich - zu vermeiden und mit einfachen Abhängigkeiten zu arbeiten. Mit Hilfe der Referenzlinien können die benötigten Abhängigkeiten in diesem Fall definiert werden.

Als Parameter werden benötigt:

- Fenster Breite und Höhe (Typenparameter)
- Neigungswinkel (auch Typenparameter)
- Parameter für die Materialien der Fensterteile (Glas/Rahmen/Flügel)
- Auswahlparameter für die Sprossenart
- Parameter für die Sprossengröße (Typenparameter)

4.2 Überblick: Fenster – Vorlage im Detail

Öffnen Sie zu Beginn die Vorlage „M_Fenster".

Im Folgenden sollen zuerst die wesentlichen Bestandteile der Fensterfamilien – Vorlage erklärt werden, um die Funktion besser verstehen zu können.

4.2.1   Wanddummy

Die Fenster – Vorlage ist „basisbauteilabhängig", d. h. es ist ein „Wand-Dummy" vorhanden, in den das Fenster gezeichnet wird und der die späteren möglichen Wände im Projekt symbolisiert.

Hinweis: Die Wandstärke ist daher variabel und muss evtl. für die Lage des Fensters berücksichtigt werden. Dieser Punkt wird beim Flexen oftmals vergessen, wir werden daher später auf diesen Punkt zurückkommen.

In der Draufsicht kann man erkennen, dass das Fenster eine Außen- und eine Innenseite besitzt. Da meist die Fensterabschlüsse auf beiden Seiten unterschiedlich sind, ist das für die Orientierung beim Modellieren hilfreich. Die Beschriftungen (und Bemaßungen) werden später im Projekt nicht erscheinen, können also ruhig belassen werden.

4.2.2   EQ-Bemaßung

Als Nächstes fällt die bereits bestehende „EQ" – Bemaßung auf. Diese Bemaßung besagt, dass sich die Fensterbreite immer mittig zur Achse ausbreiten wird. Ändert sich also z.B. die Fensterbreite um 1,0m werden jeweils 50cm nach links und rechts hin abgetragen. Diese Abhängigkeit ist im Template bereits voreingestellt, da es wohl für die meisten Fensterkonstruktionen sinnvoll sein wird, die Abhängigkeiten so zu definieren. Es wäre aber auch möglich, dies hier zu ändern.

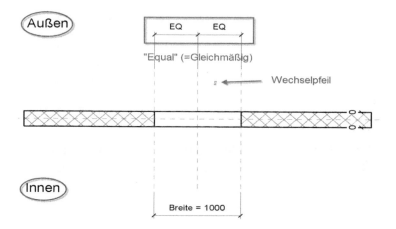

4.2.3 Steuerelemente zum Drehen/Spiegeln

Die beiden blauen Pfeilchen stellen das „Spiegelelement" dar, mit dessen Hilfe das Bauteil im Projekt gespiegelt werden kann. Diese Steuerelemente stehen in waagrechter und senkrechter Richtung sowie als einfache oder doppelte Elemente zur Verfügung.

 Hinweis: Die doppelten Elemente spiegeln das Bauteil, die einfachen drehen es um 180° - ein kleiner Unterschied!

 Tipp: Sie können – sofern natürlich das entsprechende Element in der Familie hinterlegt ist – die Wechselfunktion im Projekt auch auslösen, indem Sie die Leertaste drücken,

Wenn Sie mit Hilfe der Leertaste mehrere Exemplare spiegeln möchten, gelten folgende Regeln:

- Sind mehrere Wände ausgewählt, können Sie die Leertaste drücken, um die Ausrichtung aller Wände zu ändern.

- Bei Elementen wie Türen, die an zwei Achsen gespiegelt werden können (links/rechts oder innen/außen), drücken Sie die Leertaste mehrmals, bis die gewünschte Möglichkeit angezeigt wird.

- Sind sowohl Elemente, die nur in einer Richtung gespiegelt werden können (z.B. Fenster), als auch Elemente mit mehreren Möglichkeiten (z.B. Türen) ausgewählt, werden alle Elemente in der Richtung gespiegelt, die ihnen gemeinsam ist.

In folgenden Situationen funktioniert die Leertaste nicht wie gewohnt:

- Die Auswahl beinhaltet ein Element, das sich nicht spiegeln lässt.

- Die Auswahl beinhaltet Elemente, die sich nicht in eine gemeinsame Richtung spiegeln lassen.

Wenn Sie beispielsweise eine Tür und die dazugehörige Grundelementwand auswählen, können Sie diese Auswahl nicht mithilfe der Leertaste spiegeln.

Um in der Familie ein Steuerelement hinzuzufügen, klicken Sie unter der Rubrik Start auf Steuerelement und wählen Sie anschließend einen der gewünschten Pfeile aus.

Bei symmetrischen Fenstern hat ein waagrechtes Steuersymbol keine direkt sichtbare Auswirkung, es kann daher weggelassen werden. Im Falle unseres Beispiels wäre eine solche Steuerung aber durchaus sinnvoll, da damit die Neigungsrichtung gewechselt werden könnte.

Wählen Sie daher das Steuerelement „Doppelt horizontal" und platzieren Sie es auf der linken Fensterhälfte.

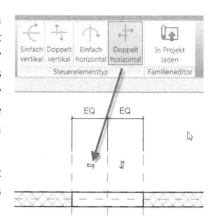

4.2.4   Einfügepunkt der Familie

In den Standardvorlagen sind meist mindestens zwei (oder mehrere) Referenzebenen vorgegeben. In der Regel sind diese Ebenen auch benannt. Die senkrechte Ebene in der Mitte ist als Mitte (Links/rechts) betitelt, da sie die linke und die rechte Hälfte voneinander trennt. In den Eigenschaften kann man erkennen, dass die Option „Bestimmt Ursprung" aktiviert ist. Das bedeutet, dass

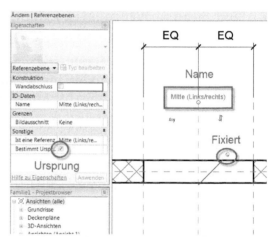

Revit diese Ebene für die Bestimmung des Einfügepunktes („Nullpunktes") heranzieht. Zuletzt ist die Ebene noch fixiert (der Pin ist „geheftet"), daher kann sich die Position dieser Ebene nicht verschieben (z.B. bei Änderung der Fensterbreite).

Die waagrechte Ebene ist ähnlich eingestellt: Ihr Name ist „Mitte Vorne/hinten", auch sie ist gesperrt und hat die Option „Bestimmt Ursprung" aktiviert.

Der Schnittpunkt dieser beiden Ebenen definiert demzufolge den Einfügepunkt der Familie, also den Punkt, an dem die Familie am Cursor hängt.

Hinweis: Logischerweise kann der Punkt immer nur mit Hilfe einer senkrechten und einer waagrechten Ebene definiert sein. Würde man eine weitere Ebene auf „Bestimmt Ursprung" setzen, so würde in der zuvor aktiven Ebene der Haken bei „Bestimmt Ursprung" automatisch entfernt werden, damit keine Konflikte entstehen.

4.2.5 Öffnungsschnitt

Der Öffnungsschnitt bestimmt die äußere Größe und Form des Fensters.

Um einen Öffnungsschnitt zu erzeugen oder einen weiteren hinzuzufügen, aktivieren Sie den Befehl ÖFFNUNG in der Rubrik START. Dieser Befehl funktioniert genauso wie der Öffnungsbefehl in der Projektumgebung: Es wird eine Skizze angelegt, die die Umgrenzung der Öffnung darstellt. Diese Skizze wird extrudiert und schneidet das Bauteil senkrecht zur Skizzenebene.

Die Öffnungen können aber auch mit Hilfe eines oder mehrerer Abzugskörper erstellt werden. Das ist vor allem bei Fenstern mit Anschlägen sinnvoll. Bedenken Sie dabei aber, dass die Wandstärke im Projekt variieren wird und die Abzugskörper entsprechend an die Außenkante der Wand gebunden sein müssen.

Öffnungsschnitt und die dazugehörige Skizze:

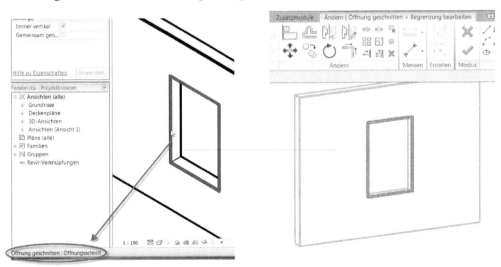

Öffnung mit Anschlag über 2 Abzugskörper (zur besseren Sichtbarkeit über die Ebenen gezogen, nicht gebunden):

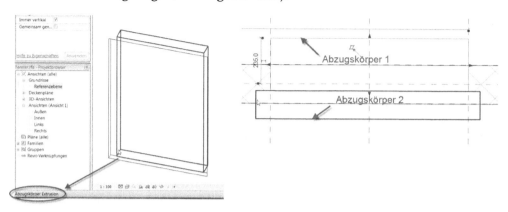

Achtung: In einer Familie können nicht Öffnungsschnitte und Abzugskörper zugleich vorhanden sein. Löschen Sie ggf. den Öffnungsschnitt und ersetzen Sie ihn durch einen (oder mehrere) Abzugskörper.

Hinweis: Der Öffnungsschnitt sollte – wie schon in der vorherigen Übung praktiziert – immer entsprechend definierten Referenzebenen folgen, damit die Familie eindeutig steuerbar bleibt.

4.2.6   Automatische Skizzenbemaßungen

Revit fügt im Familieneditor selbständig jeder Skizze bestimmte Bemaßungen hinzu.

Um diese Bemaßungen sichtbar zu schalten, rufen Sie die Sichtbarkeiten der Grafiken auf und setzen dort unter der Rubrik „Beschriftungskategorien" bei „Automatische Skizzenbemaßungen" ein Häkchen.

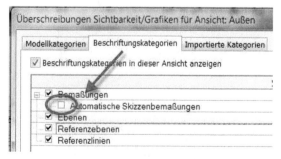

Daraufhin werden (im Skizzenmodus) die Abhängigkeiten sichtbar.

Ruft man z.B. in der Ansicht Außen die Skizze des Öffnungsschnittes auf, sieht man an allen vier Seiten Bemaßungen mit dem Wert 0.

Die Linien sind *nicht* gesperrt, folgen aber trotzdem den Referenzebenen, da aufgrund dieser Abhängigkeiten festgelegt ist, dass der Abstand zwischen den Skizzenlinien und den Referenzlinien immer 0 sein soll, diese also direkt aufeinander liegen. Man könnte sich das Ausrichten und Sperren in diesem Fall ohne weiteres sparen, die Familie hätte trotzdem die gewünschte Funktion. Allerdings muss man dabei immer genau prüfen, auf welche Ebenen Revit die Abhängigkeiten setzt. Um hier Fehler zu vermeiden, sollte in der Regel mit manuell definierten Abhängigkeiten gearbeitet werden (also ausrichten und sperren)!

In diesem Beispiel würde die Skizzenlinie der linken Referenzebene im Abstand von 150mm folgen:

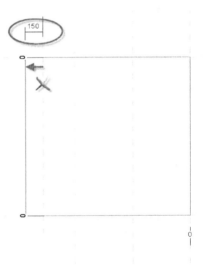

Tipp: Die Bemaßungen werden vom System automatisch gesetzt, können aber bei Bedarf auch in gewissen Grenzen nachträglich manuell verändert werden.

Bei relativ übersichtlichen, einfacheren Geometrien, bei denen nur wenige Referenzebenen benötigt werden, lässt sich somit ein Teil der Arbeit sparen. Mit steigender Anzahl der Referenzebenen und bei komplexeren Skizzen steigt aber auch die Gefahr, dass man ungewollte Verschiebungen der Geometrien im Projekt erhält. Um dieses Risiko auszuschließen, werden hier im Skript generell die Abhängigkeiten an die Referenzebenen gesperrt!

4.3 Von der Vorlage zum eigenen Fenster

4.3.1 Öffnung mit Neigungsparameter erstellen

Zunächst muss der Öffnungsschnitt für unser Giebelfenster an der Oberseite angepasst werden, damit er auch der Neigung folgen kann. Da die Sturzneigung der Dachneigung im Projekt angepasst wird, muss die Neigung in der Familie als entsprechender Parameter hinterlegt sein.

Folgt man bei geneigten Parametern der bisherigen Praxis der Verwendung von Referenz*ebenen*, wird man feststellen, dass sich die Definition des Drehpunktes schwierig gestaltet. Da die Ebenen im Grunde keinen Anfangs- bzw. Endpunkt besitzen, ist es schwierig, den Drehpunkt eindeutig zu definieren.

Deshalb wird in diesem Fall statt der Referenz*ebene* eine Referenz*linie* verwendet, bei der man den Anfangs- und Endpunkt bei Bedarf genau festlegen kann.

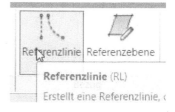

Rufen Sie die Referenzlinie über die Rubrik „Start" auf (TK RL).

Zeichnen Sie eine Linie vom Schnittpunkt der beiden Referenzebenen nach rechts oben. Achten Sie dabei auf den korrekten Fangpunkt!

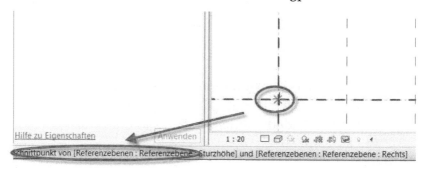

Achtung: An vielen Stellen ist es besser, die Schnittpunkte der Referenzebenen zu fangen und nicht die der Geometrien. Um hier am schnellsten und sichersten den Schnittpunkt fangen zu können, kann man die Geometrie temporär ausblenden.

 Hinweis: Permanentes Ausblenden ist im Familieneditor generell nicht möglich, um die Lesbarkeit der Familie nicht zu erschweren.

Erstellen Sie anschließend eine Winkel-Bemaßung zwischen der horizontalen Referenzebene und der schrägen Referenzlinie.

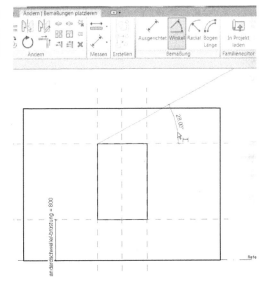

Erweitern Sie diese Bemaßung zu einem Neigungsparameter, indem Sie einen entsprechenden Parameter erstellen.

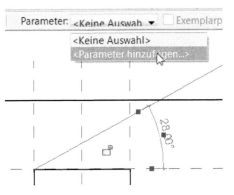

Legen Sie den Parameter als „Typenparameter" an und geben Sie ihn den Namen „Dachneigung". Gruppieren Sie ihn z.B. unter Abmessungen.

Flexen Sie anschließend den Parameter und kontrollieren Sie, ob der Drehpunkt auch immer auf dem Schnittpunkt der beiden Referenzebenen bleibt.

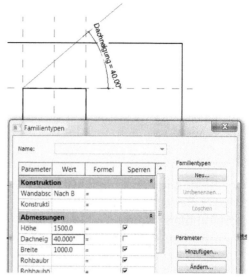

Damit nun die Fensteröffnung der Dachschrägen folgt, wählen Sie zunächst den Öffnungsschnitt aus und aktivieren Sie den Skizzenmodus.

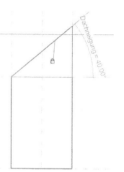

Tipp: Um den Öffnungsschnitt wählen zu können, müssen Sie in der Regel die Tab-Taste benutzen!

Richten Sie nun die obere Linie der Skizze an der Referenzlinie aus und sperren Sie sie ab.

Beenden Sie anschließend den Skizzenmodus und kontrollieren Sie das Ergebnis in der 3D – Ansicht

.Sollte das Ergebnis wie nebenstehend gezeigt aussehen, so spielt das weiter keine Rolle. Erhöhen Sie bei Bedarf einfach den Wand-Dummy, z.B. mit den Pfeilchen, die erscheinen, wenn man die Wand auswählt!

Somit wäre zunächst der Öffnungsschnitt für das Fenster angelegt.

Im nächsten Schritt werden wir den Fensterrahmen und die Fensterflügel als Volumengeometrie anlegen.

4.3.2 Detaillierungsdarstellung/Sichtbarkeit festlegen

Sichtbarkeiten von Volumenkörpern innerhalb einer Familie können - je nach später gewünschtem Verhalten - unterschiedlich gesteuert werden:

1. Über Sichtbarkeitsparameter: Jeder Volumenkörper kann später im Projekt über eine Checkbox sichtbar oder unsichtbar geschaltet werden. Einsatz findet diese Methode bei Volumenkörpern, die individuell für jedes Exemplar/jeden Typen im Projekt gesteuert werden soll, z. B. bei der Schiene im Beispiel aus Kapitel 3.

2. Über Unterkategorien: Jedem Volumenkörper kann im Familieneditor eine gesonderte Unterkategorie zugewiesen werden. Im Projekt erhält man dann über die Sichtbarkeit der Grafiken bzw. über die Objektstile Zugriff auf diese Kategorien und sie können wie alle anderen Kategorien geändert werden (sichtbar/unsichtbar oder auch überschrieben etc.). Anwendung findet diese Methode, wenn Teile der Familie individuell gesteuert werden sollen. Z. B. macht es in der Regel Sinn, ein Fenster in die Gruppen Fensterrahmen, Flügel, Fensterbrett, Verglasung zu unterteilen. Somit erhält man unter anderem die Möglichkeit deren Materialien global steuern zu können. Siehe dazu auch Kapitel 4.3.6.

3. Über die Sichtbarkeitseinstellungen: Für jeden Volumenkörper kann definiert werden, in welchen Ansichtsarten (Grundriss, Ansicht, ggf. auch Schnitt) er sichtbar sein soll oder nicht. Diese Methode findet oft Anwendung in Möbelfamilien, bei denen die Kanten der Volumengeometrien das Aussehen unvorteilhaft beeinflussen würden. Siehe dazu das gesonderte Beispiel in Kapitel 5.

4. Über den Detaillierungsgrad: Die Sichtbarkeit von Volumenkörpern kann im Projekt über die Detailierungsgrade bestimmt werden. Klassischerweise wird diese Funktion bei Fenster und Türen verwendet. Beispiel an einem Fenster aus der Standard-Bibliothek:

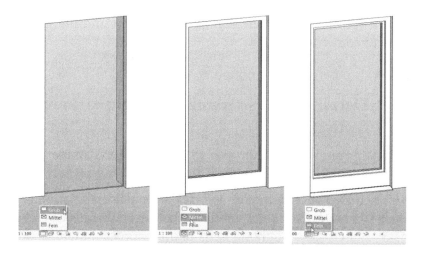

- Detaillierung „Grob": Nur Glas ist sichtbar

- Detaillierung „Mittel": Glas und Rahmen ist sichtbar

- Detaillierung „Fein": Glas, Rahmen, Flügel und Fensterbrett ist sichtbar

Damit erhält man die Möglichkeit, den Fenstern bei verschiedenen Maßstäben verschiedene Darstellungen zuweisen zu können („Je höher der Maßstab, desto einfacher die Darstellung"). Mehr als drei verschiedene Zuweisungen sind dabei innerhalb einer Familie jedoch nicht möglich.

Wenn Sie verschiedene Bauteile im Editor anklicken und die „Sichtbarkeitseinstellungen" aufrufen, können Sie die verschiedenen Einstellungen nachvollziehen:

- Der Rahmen ist bei „Mittel" und „Fein" sichtbar, desweiteren im Grundriss, in allen Ansichten und wenn die Geometrie geschnitten wird

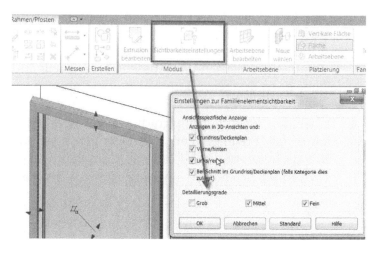

- Die große Glasscheibe, die bis nach außen geht, ist nur im Detaillierungsgrad „Grob" sichtbar, im Grundriss nicht. Zu beachten: Die Glasscheibe für die Detaillierungen Mittel/Fein ist noch einmal separat in der Familie angelegt, reicht dort aber nur bis zum Rahmen, um Überlagerungen zu vermeiden.

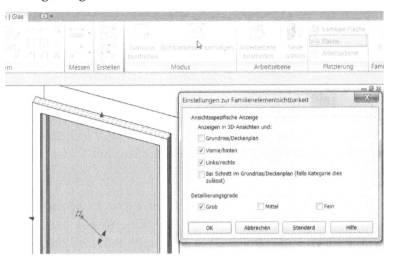

- Das Fensterblech ist nur in der Detaillierung „Fein" und in den Ansichten zu sehen, nicht aber im Grundriss.

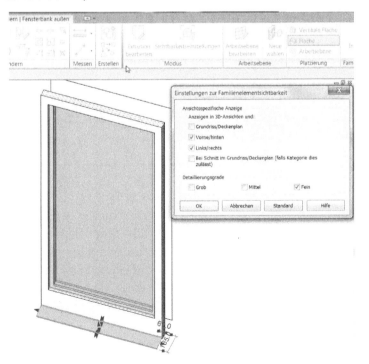

Mit Hilfe der Sichtbarkeitseinstellungen kann also das Erscheinungsbild der Familie in den Detaillierungsgraden bestimmt werden. Darüber hinaus wird dort festgelegt, welcher Volumenkörper generell in den orthogonalen Ansichten (Grundrisse, Ansichten und Schnitte) sichtbar dargestellt werden soll. In der 3D – Ansicht können die Volumenkörper über die Detaillierungsstufen gesteuert, aber nicht generell deaktiviert werden. Falls Sie alle Häkchen entfernen wollen, wird ein entsprechender Hinweis ausgegeben!

Tipp: Falls Sie dennoch einmal im Projekt alle Fensterrahmen ausblenden wollen (und nur diese, der Rest des Fensters soll sichtbar bleiben) geht das über die Unterkategorien in den Sichtbarkeiten der Grafiken. Siehe dazu auch Kapitel 4.3.6.

Es wird dazu aber teilweise nötig sein, Geometrien doppelt zu modellieren, um eine ansprechende Grafik ohne Überlagerungen zu erzeugen. Wir werden deshalb in unserem Beispiel zunächst bewusst darauf verzichten, damit die Modellierung nicht unnötig komplex wird.

4.3.3   Fensterrahmen erstellen

Der Rahmen und der Flügel werden als Sweep angelegt. Damit die Möglichkeit bestehen bleibt, die Darstellungen getrennt voneinander zu steuern, werden wir die beiden Körper auch als getrennte Volumina anlegen. Das betrifft neben der Detaillierungsstufe (die wir in diesem Beispiel nicht näher betrachten müssen) auch die Materialdefinition (die später noch genauer betrachtet werden soll).

Wechseln Sie in die Ansicht „Außen".

Tipp: Ich habe mir angewöhnt, in dieser Ansicht zu arbeiten, sofern es Sinn macht. Wenn ich eine Seitenansicht brauche, verwende ich die Ansicht „Rechts". Man findet später dann die Parameter und Abhängigkeiten leichter und die Familie wird in der Regel besser zu „lesen" sein. Natürlich ist prinzipiell die Ansicht „Innen" für die Konstruktion genauso möglich. Versuchen Sie aber eine gewisse Systematik einzuhalten!

Wählen Sie in der Rubrik Start den Befehl SWEEP.

Für die Erstellung des Sweeps braucht man 2 Komponenten: Den Pfad und das Profil. Für die Erstellung des Pfades gibt es wiederum zwei Möglichkeiten: Man kann den Pfad durch das Anlegen einer Skizze oder durch Anklicken von Kanten bestimmen. Wie der Name schon vermuten lässt, hat man bei der Option „Pfad skizzieren" die Möglichkeit eine beliebige Skizze anzulegen. Beachten Sie dabei aber die Abhängigkeiten! In unserem Falle würde man in der Mitte ein Rechteck zeichnen und die Kanten dann an den Referenzebenen ausrichten. (Gehen Sie wieder sicher, dass Sie wirklich an den Ebenen ausrichten, nicht an den Kanten der Öffnung!)

Alternativ würde sich bei unserem Fenster anbieten, den Pfad durch das Anklicken der Kanten auszuwählen. Die so erzeugten Linien (und hier sollen bzw. müssen die Kanten der Geometrie gewählt werden) folgen dann automatisch immer der Geometrie des gewählten  Körpers. Es entfällt also das Ausrichten und Absperren. Im Gegenzug ist es aber nicht möglich, die Linien abweichend von den Kanten zu verändern. Diese Methode ist also nur dann sinnvoll, wenn der Pfad exakt einer anderen Geometrie folgen soll.

Wählen Sie also die Option PFAD WÄHLEN und klicken Sie der Reihe nach auf die Kanten der Öffnung.

Tipp: Die erste gewählte Kante (oder gezeichnete Linie) bestimmt die Lage des Profiles. Obwohl diese Lage auch noch geändert werden kann (zumindest solange noch keine Skizze im Profil definiert wurde), bietet es sich an, als Erstes die Kante zu wählen, in der man das Profil liegen haben möchte. Wählen Sie also als erste Kante eine der senkrechten Linien der Öffnung, damit anschließend das Profil in der Draufsicht definiert werden kann.

Tipp: Um die Lage des Profiles verändern zu können, ziehen Sie einfach die Ebene des Profiles per drag and drop im Skizzenmodus des Pfades in eine andere Position. Die Skizze des Pofiles muss dabei aber leer sein!

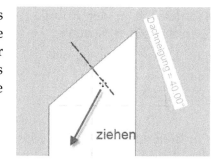

Die fertige Skizze sollte wie nebenstehend aussehen:

Beenden Sie den Skizzenmodus.

Bei der Definition des Profils gibt es wiederum zwei Möglichkeiten: Man kann es über eine Skizze definieren oder auch über eine zuvor definierte Profilfamilie einfach hinzu laden.

Letztere Methode bietet sich bei wiederholenden Größen an oder auch bei sehr komplexen Geometrien, deren Abhängigkeiten man in der Familie nicht extra definieren muss oder will (z.B. Stahlprofile).

In unserem Beispiel soll die Skizze direkt in der Familie erstellt werden. Wählen Sie daher die Option PROFIL BEARBEITEN. Falls man sich in einer Ansicht befindet, die sich parallel zur Bearbeitungsebene befindet, wird Revit automatisch einen Vorschlag zum Wechseln in

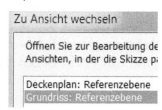

eine entsprechend passende Ansicht anbieten. Wählen Sie ggf. die Ansicht „Grundriss: Referenzebene" um in die Draufsicht zu gelangen.

Zunächst werden wir die Skizze ohne weitere Parameter erstellen. Denkbar wären hier Abhängigkeiten für die Breite bzw. Tiefe des Profils sowie die Einbautiefe des Rahmens von außen.

Tipp: Beachten Sie bei der Erstellung der Familien stets den Grundsatz: Soviel wie nötig, so wenig wie möglich! Unnötige Parameter erschweren die Bedienung der Familie und erhöhen die Fehlergefahr innerhalb der Familie!

Skizzieren Sie zunächst ein Rechteck in der Nähe des Referenzpunktes neben den Referenzebenen, um die Abhängigkeiten genau definieren zu können.

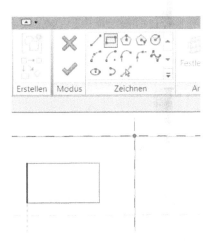

Richten Sie zuerst die rechte Linie an der Referenzebene aus und sperren Sie die Abhängigkeit!

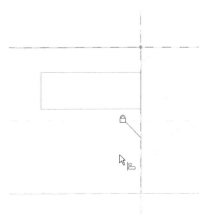

Definieren Sie für die restlichen Linien feste Abstände. Erstellen Sie dazu entsprechende Bemaßungen (wählen Sie wenn möglich immer die Referenzebenen aus) und sperren Sie die Bemaßungen ab (Schlösschen).

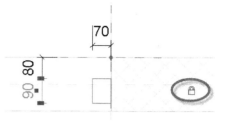

Beenden Sie anschließend den Bearbeitungsmodus des Profils und des Sweeps selbst (zweimal auf den grünen Haken klicken).

Kontrollieren Sie den Volumenkörper in der 3D – Ansicht. Das Fenster sollte wie nebenstehend aussehen:

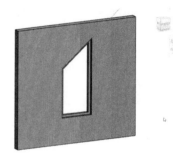

Vergessen Sie nicht das Flexen der Geometrie, damit sichergestellt ist, dass sich keine Fehler eingeschlichen haben, bzw. eventuell vorhandene Fehler gleich lokalisiert werden!

Öffnen Sie dazu das Familientypen – Fenster und stellen Sie die Werte auf kleinere und größere Werte ein. Klicken Sie nach dem Verändern der Werte auf „Anwenden" und kontrollieren Sie das Ergebnis im Ansichtsfenster.

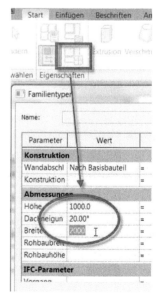

Tipp: Um etwas Tipparbeit zu sparen kann man sich in diesem Fenster auch verschiedene Typen anlegen, die die jeweiligen Maße hinterlegt haben.

Klicken Sie dazu auf „Neu…", vergeben Sie einen entsprechenden Namen (hier im Beispiel „standard", „größer" und „kleiner") und geben Sie jedem Typen die entsprechenden Maße.

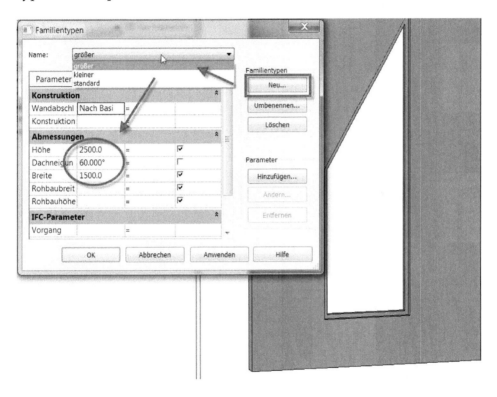

Wenn Sie die verschiedenen Einstellungen testen wollen, müssen Sie nur im Typenauswahlfenster den Typ wählen und auf „Anwenden" klicken. Achten Sie aber darauf, vor dem Einfügen der Familie in das Projekt diese Typen wieder zu löschen, da sie dort eher störend wirken würden.

Bei basisbauteilabhängigen Familien (wie das Fenster – das Basisbauteil ist hier die Wand) sollte man daran denken, dass die Ausmaße des Basisbauteils im Projekt variieren wird (hier im Beispiel die Wandstärke), deshalb sollte man auch diesen Wert ändern.

Klicken Sie dazu auf die Wand und rufen sie die Typeneigenschaften auf.

Erstellen Sie mehrere Typen, die Ihren Vorstellungen von der Wandstärke am besten entsprechen.

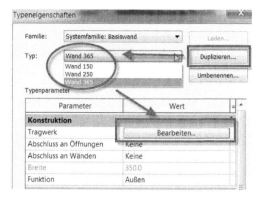

Wenn die Wand aktiv ist, kann ab jetzt die Wandstärke über den Typ gewählt werden, um die Lage bei verschiedenen Wandstärken zu testen.

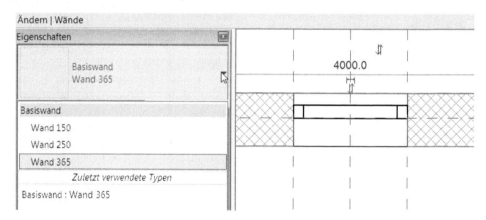

Für den Kämpfer soll gelten, dass dessen Oberkante genau im Knickpunkt zur Dachneigung liegt und dieser Kante auch folgt. Zu beachten gilt hierbei, dass der Knickpunkt bei einer flacheren Dachneigung nach unten wandern wird (bzw. bei einer steileren Neigung nach oben).

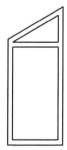

Beachten Sie die Lage des Knickpunktes bei einem sehr flachen bzw. einem sehr steilen Dach:

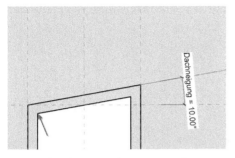 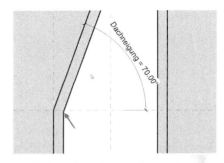

Die Oberkante des Kämpfers wird demzufolge in dieser Familie der Neigung entsprechend folgen müssen.

Damit wir im Folgenden die Volumengeometrie entsprechend steuern können, werden wieder Referenzen angelegt. Auch hier wird man mit Hilfe von Referenz*ebenen* nur schwerlich zum gewünschten Ergebnis kommen, da die Ebene nicht mit einem Ende an den „wandernden" Knickpunkt geheftet werden kann.

Deshalb wird auch hier eine Referenzlinie verwendet, deren Ende bzw. Lage genau gesteuert werden kann. Allerdings soll die Referenz nicht direkt an die Volumengeometrie angebunden werden, da dies sehr wahrscheinlich zu Fehlermeldungen führen würde. Daher soll zunächst ein „Rahmen" geschaffen werden, an den die Linie dann angebunden werden kann.

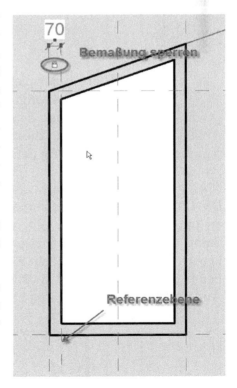

Erstellen Sie dafür eine senkrechte Referenzebene an der linken Seite des Fensterrahmens.

Damit diese Ebene der Geometrie folgen wird, setzen wir eine gesperrte Bemaßung auf 70mm gemessen von der linken Fensterleibung aus.

Achtung: Stellen sie sicher, dass als Bemaßungsreferenz die Ebenen gewählt werden, nicht die Volumengeometrien, damit die Familie sauber gesteuert bleibt und Fehlermeldungen vermieden werden.

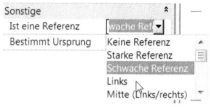

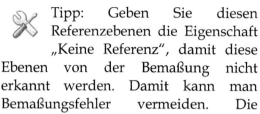 Tipp: Geben Sie diesen Referenzebenen die Eigenschaft „Keine Referenz", damit diese Ebenen von der Bemaßung nicht erkannt werden. Damit kann man Bemaßungsfehler vermeiden. Die mittlere Ebene sollte in der Regel eine Starke Referenz sein (oder zumindest Mittel), damit man ggf. die Achse des Fensters vermaßen kann, ohne dass man extra eine Geometrie vorsieht.

Platzieren Sie im nächsten Schritt auf ähnliche Weise eine Referenz*linie* am oberen Fensterrahmen. Setzen Sie auch diese auf einen Wert von 70mm von außen und sperren Sie die Bemaßung.

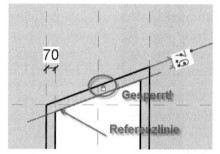

Hinweis: Hier im Beispiel wurde am Beginn festgelegt, dass dieser Parameter nicht benötigt wird, deshalb wurden die Bemaßungen gesperrt. Würde man den Fensterrahmen als Parameter hinterlegen wollen, so würde man diese Bemaßungen nicht sperren, sondern parametrisieren. Damit wäre dann die Rahmenbreite im Projekt variabel.

Das linke Ende der Referenzlinie muss noch an die senkrechte Ebene geheftet werden, damit der Endpunkt immer der Kante des Fensterrahmens folgt. Wählen Sie dazu den Befehl AUSRICHTEN und wählen Sie als Ausgangskante die senkrechte Ebene aus.

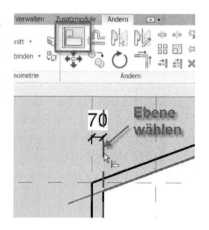

Zeigen Sie dann auf das Ende der Referenzlinie und tippen Sie solange auf die Tabulator-Taste, bis der Endpunkt als Referenz gezeigt wird.

Tipp: In unserem Beispiel wird der Punkt nach dem ersten Antippen der Tab-Taste gezeigt. Es kann jedoch in anderen Fällen durchaus mehrmaliges Tippen erforderlich sein, bis die richtige Referenz erscheint. Halten Sie daher die Statuszeile im Blick, sie wird Ihnen helfen, die richtige Wahl zu treffen…

Wenn der Punkt als Referenz erscheint, klicken sie darauf und sperren Sie das Schlösschen ab, damit der Endpunkt der Linie dauerhaft der senkrechten Referenzebene folgt.

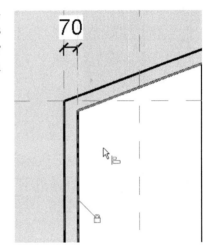

Im nächsten Schritt wird an diesen Endpunkt der Referenzlinie eine weitere (waagrechte) Referenzlinie geheftet.

Erstellen Sie in der Ansicht „Außen" eine weitere Referenzlinie vom Knickpunkt nach rechts gehend.

Setzen Sie hierzu den Anfangspunkt der Referenzlinie direkt an den Endpunkt der soeben definierten Linie.

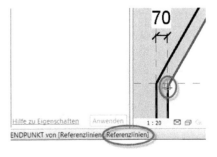

Klicken Sie für den Endpunkt der Linie auf die rechte Seite der Fensteröffnung.

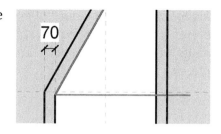

Wenn das Bauteil geflext wird, kann man feststellen, dass die Referenzlinie dem Knickpunkt folgt,, ohne dass extra Abhängigkeiten gesetzt wurden. Wieso funktioniert das?

Um dem „Geheimnis" auf die Spur zu kommen, muss man in den Sichtbarkeiten der Grafiken (TK VV) die Kategorie „Skizzenbemaßungen" aktiv schalten.

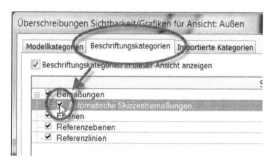

In der Zeichnung werden daraufhin mehrere Bemaßungen sichtbar, die vorher noch nicht vorhanden waren. Das sind die „Skizzenbemaßungen" die automatisch während des Zeichnens Abhängigkeiten zwischen den Grafiken setzen. In meinem Fall wird das Ende der Referenzlinie immer im Abstand von 150mm zur rechten Referenzebene

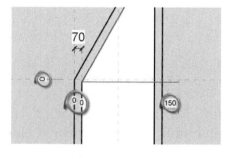

liegen. Die „Null"- Bemaßungen bedeuten, dass die entsprechende Referenz immer direkt auf einer anderen Referenz liegt, diese also miteinander verbunden sind.

Diese Automatik nimmt uns also etwas Arbeit beim Erstellen der Familien ab. Die Frage stellt sich, warum wir dann überhaupt mit Hilfe der Schlösschen Abhängigkeiten erzeugen.

Die Skizzenbemaßungen haben folgende „Nachteile":

- Die Bemaßungen sind nicht immer sichtbar: Wenn Sie mit den Skizzenbemaßungen arbeiten wollen, denken Sie daran, diese vorher zu aktivieren. In den meisten Familienvorlagen sind sie zunächst deaktiviert.

- Die Skizzenbemaßungen sind nur begrenzt manuell editierbar: Sie können nicht gelöscht werden (es wird sich in der Regel eine neue Skizzenbemaßung automatisch wieder hinzugefügt) und die Referenzen sind nur begrenzt manuell veränderbar. Dadurch ergeben sich manchmal ungewollte Abhängigkeiten.

- Werden bereits bestehende Referenzebenen gelöscht bzw. neue hinzugefügt, ist nicht sichergestellt, dass bestehende (geprüfte) Abhängigkeiten weiterhin wie geplant funktionieren (da sich die Bemaßungen dann ggf. auf die neuen Ebenen einstellen könnten).

Zusammenfassend kann man sagen, dass die Skizzenbemaßungen zwar einen Teil der Arbeit beim Definieren der Abhängigkeiten erleichtern, aber dafür die Familie unter Umständen schwerer zu kontrollieren wird.

Ich empfehle daher in der Regel (soweit möglich) manuelle Abhängigkeiten zu verwenden und auf die Skizzenbemaßungen nur in Ausnahmefällen zurückzugreifen (z.B. in unserem Beispiel im Knickpunkt, da hier manuelle Abhängigkeiten evtl. recht komplex zu definieren wären).

Erstellen sie unter der gerade erzeugten Linie noch eine zweite, diesmal mit dem Anfangspunkt der Linie auf der Referenzebene an der linken Seite des Rahmens.

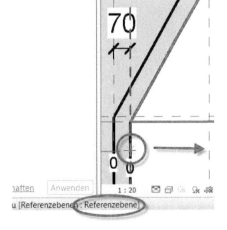

Setzen Sie für den Abstand eine gesperrte Bemaßung auf 70mm von der oberen (unsere fest definierte Rahmenbreite).

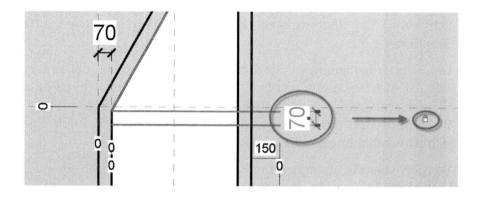

Flexen Sie das Fenster in alle Richtungen und überprüfen Sie die korrekte Funktion aller Körper und Ebenen.

Damit der im Anschluss zu erstellende Kämpfer einfach zu steuern ist, definieren wir noch eine Referenzebene am rechten Fensterrahmen im Abstand von 70mm zur Fensteröffnung.

⚠ Achtung: Achten Sie immer darauf, dass die Bemaßungsreferenzen immer die Referenzebenen bzw –linien zu Grunde liegen haben, in *keinem* Fall die Geometrien der Volumenkörper Das führt in der Regel zu Fehlern!

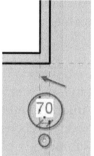

Zwischen die zuvor erzeugten Ebenen wird als Nächstes ein Extrusionskörper für den Kämpfer eingefügt.

Wählen Sie dazu den Befehl „Volumenkörper – Extrusion" (TK vx) und legen Sie eine entsprechende Skizze mit gesperrten Abhängigkeiten an. Beachten Sie auch hier wieder, dass immer an die Referenzebenen referenziert wird, nicht an die Volumenkörper!

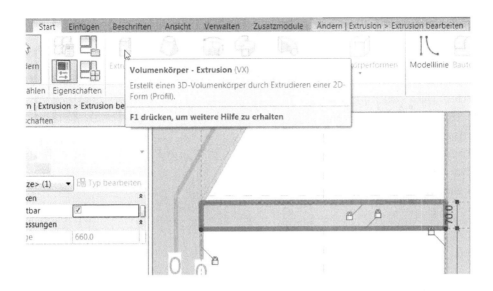

Wechseln Sie nun in die Ansicht „Rechts" und stellen Sie die Werte „Extrusionbeginn" auf 80 (80mm von außen) und „Extrusionsende" auf 170 (90mm weiter innen – unsere Rahmenstärke).

Alternativ können Sie auch mit Hilfe der Pfeilchen die Geometrie auf die jeweiligen Kanten ziehen. Beachten Sie dabei jedoch die richtigen Fangpunkte der Referenzebenen!

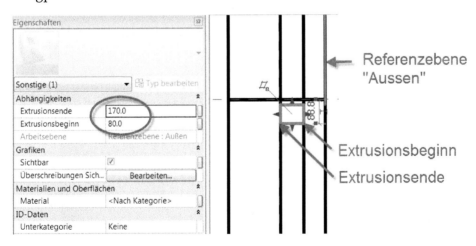

Tipp: Auch diese Werte können als Parameter in den Eigenschaften hinterlegt werden. Klicken Sie dazu auf die kleinen Kästchen rechts am Rand, dann können weitere Parameter direkt mit diesem Feld verbunden werden!

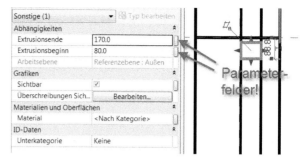

4.3.4 Fensterflügel

Der Fensterflügel ist recht schnell erstellt, die meisten Definitionen dafür sind bereits getätigt.

Der Flügel wird als „Sweep" erstellt werden, für dessen Definition des Pfades noch eine Referenzebene an der unteren Kante des Rahmens hilfreich ist.

Erstellen Sie deshalb eine solche Ebene im Abstand von 70mm zur unteren Kante der Fensteröffnung.

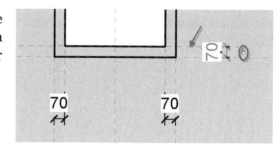

Rufen Sie den Befehl VOLUMENKÖRPER – SWEEP auf (TK VS) und aktivieren Sie die Option PFAD SKIZZIEREN. Erstellen Sie ein Rechteck um den Fensterrahmen herum und sperren Sie wieder alle Linien mit den Referenzebenen bzw. –linien.

Schließen Sie die Pfaddefinition mit dem „Skizzenmodus beenden" Befehl ab.

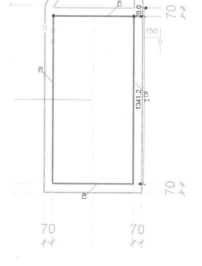

Tipp: Achten Sie wieder auf die Lage der Profilebene, die durch die erste Linie definiert wird, bzw. nachträglich durch Ziehen an der Profilebene noch verändert werden kann (solange noch keine Profilskizze definiert wurde). Im gezeigten Beispiel ist die Profilebene links zu sehen, dadurch kann das Profil in der Draufsicht eingezeichnet werden.

Wechseln Sie in die Referenzebene und wählen Sie den Befehl PROFIL BEARBEITEN (klicken Sie auf PROFIL WÄHLEN, falls der Button ausgegraut sein sollte).

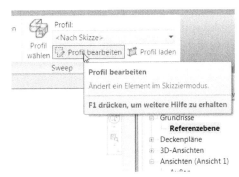

Definieren Sie die Größe des Flügels mit Hilfe von gesperrten Bemaßungen.

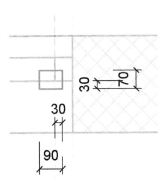

Oder alternativ mit Hilfe der automatischen Skizzenbemaßungen, die dann entsprechend wie nebenstehend aussehen sollten:

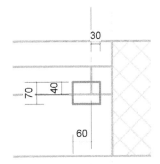

Hinweis: Generell sollte man es vermeiden, Bemaßungen (insbesondere Abhängigkeiten) in der Skizze selbst anzulegen, da diese Bemaßungen eben nur in der Skizze sichtbar sind. Ruft man später die Familie auf, wird man nicht sofort erkennen können, wo welche Abhängigkeiten erstellt worden sind. Vor allem für andere User wird somit die „Lesbarkeit" der Familie erschwert. Andererseits kann es durchaus (bei komplexeren Familien) sein, dass durch die vielen Bemaßungen die Übersichtlichkeit leidet. Ich habe mich in diesem speziellen Fall dazu entschieden, die Bemaßungen in der Skizze zu belassen, damit ich den Unterschied zu den automatischen Skizzenbemaßungen besser zeigen kann.

Stellen Sie die Profilskizze sowie den Sweep fertig und flexen Sie das Bauteil. Die 3D Ansicht sollte in etwa wie nebenstehend aussehen.

4.3.5   Fensterverglasung

Als letzte der Volumengeometrien in diesem Beispiel sollen die Fensterverglasungen erstellt werden.

Zuerst werden dazu wieder Referenzebenen angelegt, auf denen die Volumengeometrien liegen sollen.

Der obere Teil (das Dreieck) soll eine Festverglasung erhalten:

Rufen Sie dazu die Ansicht „Rechts" auf. Zeichnen Sie eine Referenzebene ein und definieren Sie die Lage der Ebene in der Mitte des oberen Fensterrahmens. Benutzen Sie dazu das „EQ" – Symbol, die Ebene wird sich dann mittig zu den Bemaßungsreferenzen ausrichten.

Hinweis: Für mehr Informationen zur EQ – Bemaßung schlagen Sie im Revit Grundlagen-Handbuch der Bücherserie unter Kapitel 3.10 oder alternativ in der Revit – Hilfe nach.

Wählen Sie die Ebene an und geben Sie ihr in den Eigenschaften den Namen „Achse Festverglasung", damit wir sie später leichter anwählen können.

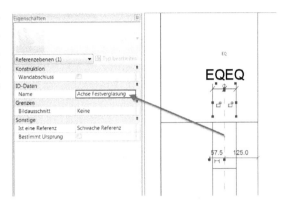

Wiederholen Sie den Vorgang für die Ebene des Flügels

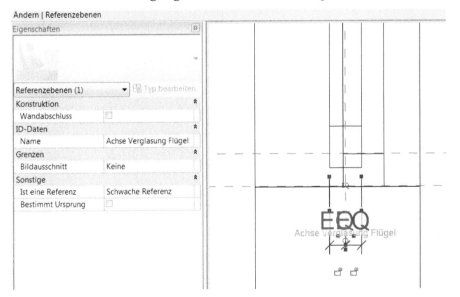

 Tipp: Blenden Sie sich die Referenzebene „Mitte (Vorne/hinten)" temporär aus, damit Sie den Überblick behalten!

Wechseln Sie anschließend in die Ansicht „Außen" und rufen Sie den Befehl „Volumenkörper – Extrusion" auf.

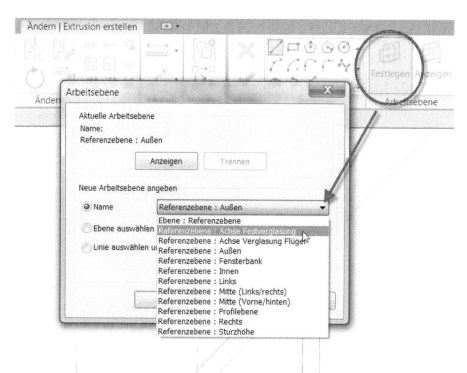

Wählen Sie den Befehl „Arbeitsebene festlegen" aus und klicken Sie in der Drop-Down-Liste auf die vorher benannte Ebene „Achse Festverglasung".

Erstellen Sie die Skizze und sperren Sie alle Linien an den entsprechenden Referenzen ab!

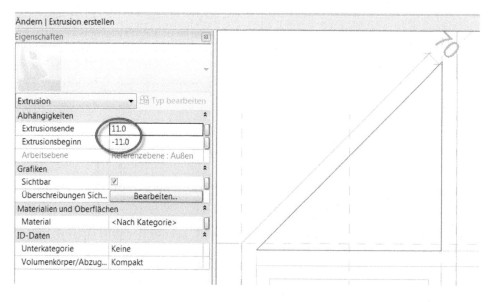

Stellen Sie den „Extrusionsbeginn" auf „11", damit der Volumenkörper 11mm vor der Ebene beginnt. Der Wert „Extrusionsende" soll auf „-11" stehen, damit der Körper 11mm hinter der Ebene aufhört. Somit liegt der Körper mittig zur Ebene und ist 22mm stark.

Klicken Sie auf „Bearbeitungsmodus beenden", um den Volumenkörper zu erzeugen.

Tipp: Sollte bei der Einstellung der Arbeitsebene einmal ein Fehler passieren, kann diese auch jederzeit nachträglich verändert werden, indem der Volumenkörper aktiviert und dann der Button ARBEITSEBENE BEARBEITEN gewählt wird.

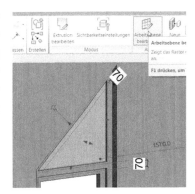

Hinweis: Wie in der 3D Ansicht unschwer zu erkennen, sehen die Materialien der Volumenkörper noch recht unpassend aus. Im Moment ist das nicht weiter störend, im nächsten Kapitel wird näher darauf eingegangen.

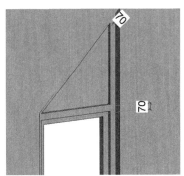

Wiederholen Sie den Vorgang mit der Glasscheibe für den Flügel. Wählen Sie als Arbeitsebene für den Volumenkörper entsprechend die Ebene „Achse Verglasung Flügel".

Tipp: Damit nicht noch weitere Referenzebenen benötigt werden, die Geometrien aber dennoch korrekt mit den Ebenen verbunden sind, können entsprechend gesperrte Bemaßungen gesetzt werden. Achten Sie aber darauf, dass die richtigen Referenzen ausgewählt werden (die Kante der Scheibe mit den Referenzebenen). Die Ansicht „Außen" könnte dann z.B. so aussehen:

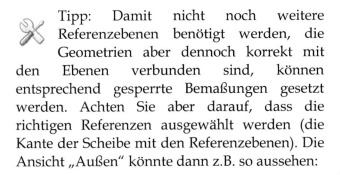
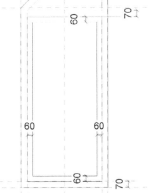

Flexen Sie das Bauteil am Ende wieder und speichern Sie das Bauteil unter dem Namen Giebelfenster.rfa ab.

Die 3D – Ansicht des Bauteils sollte nun in etwa wie nebenstehend aussehen.

Im nächsten Schritt wollen wir uns mit den Materialdefinitionen beschäftigen.

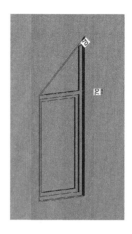

4.3.6 Materialdefinitionen

 Öffnen Sie ggf. die Datei Giebelfenster.rfa.

Damit das Fenster im Projekt auch möglichst einfach zu benutzen sein wird, sollen einige grundsätzliche Dinge erfüllt sein:

- Der Rahmen, der Flügel und das Glas sollen voneinander getrennt steuerbar sein.

- Alle Materialien sollen veränderbare Parameter hinterlegt haben, aber zunächst im Projekt über die Objektstile gesteuert werden können.

An dieser Stelle will ich kurz auf die Funktion der Objektstile in Revit eingehen. Die Objektstile funktionieren wie „globale" Definitionen in einem Revit-Projekt. Für alle Kategorien sind Objektstile hinterlegt (und teilweise sind die Kategorien sogar noch vielfältig aufgesplittet bzw. können aufgesplittet werden). Damit ist es möglich, viele Materialien über mehrere Familien hinweg in einem Projekt zentral zu steuern.

Diese Steuerung erfolgt im Projekt über die Objektstile (TK 00). Im Falle der Fenster wurde in meinem Beispiel das Material für die Rahmen/Pfosten auf einen roten Kunststoff umgestellt.Alle Bauteile der Kategorie „Fenster" erhalten daraufhin einen roten Rahmen, wenn sie innerhalb der Familie eine entsprechende Zuordnung erhalten haben (damit Revit weiß, welcher Volumenkörper zur Kategorie „Rahmen/Pfosten" gehört und welcher nicht) und innerhalb der Familie das Material nicht anderweitig überschrieben wurde.

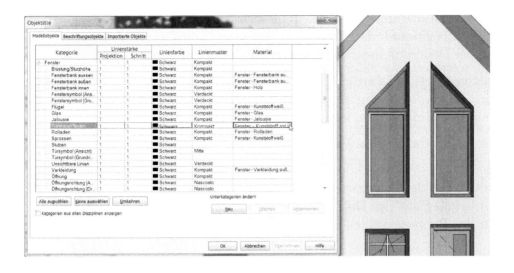

 Hinweis: Auf die in den Objektstilen sichtbaren Unterkategorien (hier bei den Fenstern z. B. Flügel, Glas, Rahmen/Pfosten, etc.…) wird später noch näher eingegangen.

Das heißt, in der Familie müssen eventuell vorhandene Materialparameter auf NACH KATEGORIE stehen („Nach Kategorie" soll bedeuten, dass die Objektstile verwendet werden).

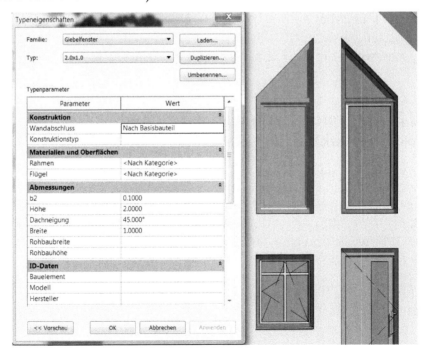

Durch den Parameter hat man jedoch nach wie vor die Möglichkeit zusätzlich ein anderes Material zu vergeben, die Objektstile werden also von der Definition innerhalb der Familie „überschrieben".

Da gerade bei den Fenstern die Materialien in einem Projekt oftmals gleich sein sollen, sind die Objektstile ein sehr effizientes Mittel, um die Materialdefinitionen zu verwalten bzw. schnell zu ändern.

Wir wollen daher diese Methode auch bei unserem Fenster anwenden.

Um einem Volumenköper eine Unterkategorie zuweisen zu können, wählen Sie den Volumenkörper und in den Eigenschaften in der Rubrik „Unterkategorie" im Drop-Down-Menü eine entsprechende Kategorie aus (für den Rahmen wählen Sie „Rahmen", für das Glas „Glas", etc.).

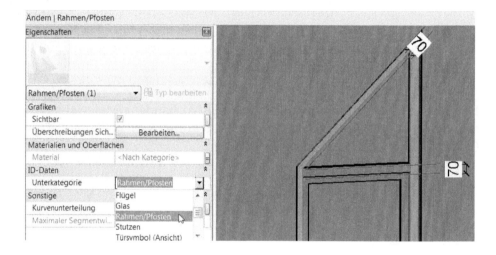

Ab jetzt werden die Materialien dieses Bauteiles im Projekt über die Objektstile gesteuert.

Falls es möglich sein soll, abweichend von den Objektstilen Materialien zu vergeben, müssen entsprechende Materialparameter definiert werden.

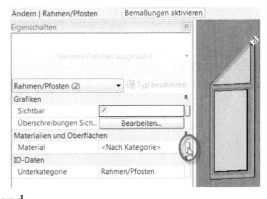

Wählen Sie dazu die entsprechenden Volumenkörper aus und klicken Sie in der Zeile „Material" in den Eigenschaften auf das kleine Viereck rechts am Rand.

Wählen Sie im erscheinenden Dialog „Parameter hinzufügen" und vergeben Sie einen passenden Namen (z.B. „Rahmen").

Tipp: Die Entscheidung, ob bei Fenstern und Türen die Materialien als Typen- oder besser Exemplarparameter angelegt werden sollen, hängt in hohem Maße von Ihrer Arbeitsweise bzw. der geplanten Ausführung ab. Ein durchaus sinnvolles Konzept kann es aber sein, alle Bauteile über die Objektstile zu steuern, damit man die Möglichkeit der schnellen „globalen" Änderung der Bauteile hat. Zusätzlich können dann die Materialien als Exemplarparameter definiert werden, um im Ausnahmefall einzelne Exemplare ändern zu können. Da die Änderung von Typen- auf Exemplarparameter sehr schnell vonstattengeht, ist die Entscheidung aber auch weniger kritisch hinsichtlich einer späteren Korrektur.

Schließen Sie das Dialogfenster mit „OK" und wiederholen Sie den Vorgang für den Flügel und ggf. für das Fensterglas.

Hinweis: Im Familieneditor ist das Aussehen nicht weiter wichtig! Ausschlaggebend ist nur die Einstellung der Objektstile im Projekt. Falls Sie jedoch trotzdem mehr Farbe im Editor sehen wollen, können Sie auch die Objektstile innerhalb des Editors bzw. der Familienvorlage umstellen. Rufen Sie dazu die Objektstile mit dem Tastaturkürzel „oo" auf und definieren Sie im Editor das gewünschte Material. Bedenken Sie dabei jedoch, dass alle Materialien zusätzlich in das Projekt importiert werden und daher die Liste ggf. entsprechend lang werden könnte. Versuchen Sie zumindest die Materialien im Editor und den Projekten möglichst gleich zu benennen (Groß-/ Kleinschreibung, ss/ß usw. beachten!), denn bei gleichem Namen in Editor und Projekt wird das Projektmaterial weiter verwendet (und die Liste somit nicht unnötig verlängert). Generell ist aber die im Beispiel gezeigte Vorgehensweise („Nach Kategorie") effizienter .

4.4 Bestehendes Bibliotheksbauteil in eigene Familie integrieren

In dieser Lektion soll gezeigt werden, wie man ein Teilbauteil aus der Bibliothek bzw. einer bestehenden Familie (in unserem Beispiel eine Sprossen-Familie, die in einer Fensterfamilie verschachtelt ist) herauslöst und in eine eigene integriert.

Öffnen Sie dazu die Datei „Fenster 1-flg. – Anschlag - Sprossen.rfa" aus der (German) Metric Library, bzw. aus dem Datensatz (für alle, die nicht den German-Content installiert haben).

4.4.1 Entdecke die Möglichkeiteiten: Die Familie erforschen

Bevor Sie daran gehen, das Teilbauteil für Ihre Anforderungen anzupassen, ist es sinnvoll zu „erforschen" was das Bauteil in der Original-Familie leistet bzw. wie es sich in verschiedenen Situationen anpassen lässt. Das hilft später die Teilbauteil-Familie besser lesen zu können.

Schauen wir zunächst auf die Parameter und Einstellungsmöglichkeiten innerhalb eines Projektes:

Das Fenster wird in den Detailstufen Grob-Mittel-Fein unterschiedlich dargestellt (wie auch bei den anderen Fenstern der Metric-Library): Neben der verschiedenen Darstellung für den Rahmen, Flügel, Fensterbrett etc. wird auch die Sprosse unterschiedlich dargestellt: In der Darstellung

„Grob" ist sie gar nicht vorhanden, bei „Mittel" sieht man die Sprosse als Linie und erst bei „Fein" ist sie komplett als Volumenkörper sichtbar.

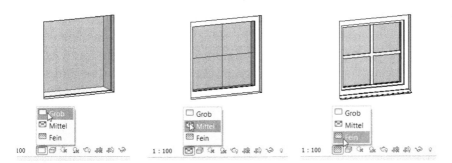

Wählen Sie das Fenster direkt an und prüfen Sie die Exemplareigenschaften.

Bei dieser Fensterfamilie kann im Projekt der jeweilige Sprossentyp über eine Drop-Down-Liste verändert werden. Je nach gewünschtem Verwendungszweck kann so zwischen vier verschiedenen Typen gewählt werden.

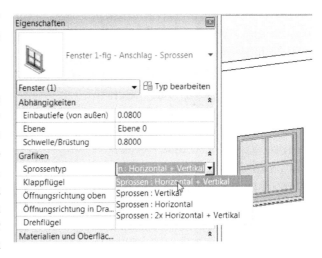

In den Typeneigenschaften sind noch Parameter für die „Sprossentiefe" und die „Sprossenbreite" vorhanden.

Rahmenbreite	0.0600
Flügeltiefe	0.0600
Flügelbreite	0.0600
Wandabschluss	Nach Basisl
Konstruktionstyp	
Grafiken	
Sprossentiefe	0.1000
Sprossenbreite	0.0800
Abmessungen	
Rohbaubreite	1.0000
Rohbauhöhe	1.0000
Höhe	1.0000

Hinweis: Verändert man die beiden Werte, wird man feststellen, dass die Sprossentiefe die Geometrie des Fensters nicht weiter beeinflusst, da der Parameter in der Familie fälschlicher Weise nicht verknüpft wurde. Wir werden diesen Fehler bei der Bearbeitung der Fensterfamilie gleich mit beheben. In der Version 2016 wurden diese Abhängigkeiten in der spezifischen Familie behoben, in anderen besteht dieser Fehler zum Teil aber immer noch. Laden Sie ggf. die Datei vom Datensatz, wenn Sie die nachfolgenden Schritte genau nachvollziehen möchten.

4.4.2 Die Basisfamilie im Detail

Betrachten wir die Familie im Editor (klicken Sie das Bauteil an und wählen Sie dann den Befehl „Familie bearbeiten"):

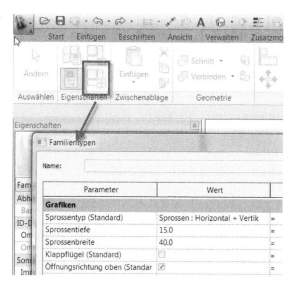

Hier haben wir in den Familientypen unter der Rubrik „Grafiken" einige der Sprossen – Parameter gleich zur Hand: den Sprossentyp (der für die Steuerung der Sichtbarkeit der Sprossenart verantwortlich ist), sowie die Werte für die Sprossenbreite bzw. -tiefe (die in dieser Familie nicht weiter mit der Geometrie verbunden sind, wie wir schon festgestellt haben).

Wählt man die Geometrie der Sprossen selbst, erkennt man in den Typeneigenschaften weitere Abhängigkeiten bzw. „verlinkte" Parameter:

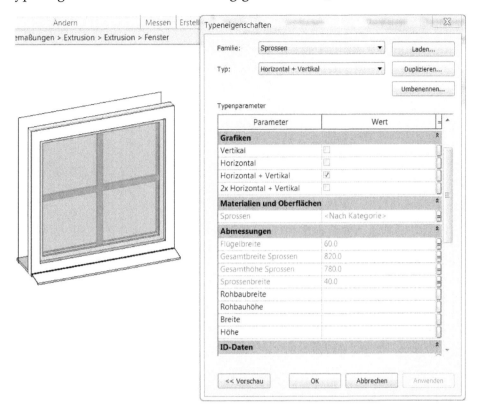

In der oberen Hälfte sieht man mehrere Sichtbarkeitsparameter (die regeln, welche Sprossenkreuzart gezeigt wird), weiter sind mehrere Parameter der Sprossenfamilie mit Parametern der Fensterfamilie verknüpft („verlinkt") worden, damit diese Werte von der Fensterfamilie in die Sprossenfamilie übertragen werden und somit deren Größe steuern können.

 Hinweis: Hier ist die Sprossenbreite wieder hinterlegt, die Sprossentiefe fehlt jedoch... wir rücken dem Fehlerteufel schon näher!

141

4.4.3 Next Level: Die Sprossenfamilie

Lassen Sie die Sprosse markiert und wählen Sie
FAMILIE BEARBEITEN.

Jetzt befinden wir uns direkt in der Sprossenfamilie
und können weitere Details begutachten und ggf.
ändern.

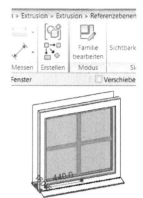

Wechseln Sie in die Ansicht „Vorne" und
stellen Sie ggf. den Ansichtsmaßstab auf
1:10 um, damit die Beschriftungen etwas
größer erscheinen.

Tipp: Der Maßstab in den
Familien ist völlig unerheblich
für die Funktion des Bauteiles, er kann
beliebig eingestellt sein. Man kann den
Maßstab in der Familie deshalb so
einstellen, dass die
Beschriftungen/Bemaßungen gut lesbar sind.

Tipp: Die Anordnung der Bemaßungen ist für das Projekt selbst
unerheblich, da sie dort nicht sichtbar sein werden. Ordnen Sie die
Bemaßungen innerhalb der Familie aber trotzdem möglichst gut
lesbar an, damit Sie den Überblick leichter behalten können.

In dieser Ansicht sieht man einen Großteil der definierten Abhängigkeiten.
Neben der Breite und Höhe der Sprossen ist auch die Sprossenbreite
(mehrmals) vorhanden. Der Parameter „Versatz seitlich" ist dafür gedacht,
dass die Sprossen(linie) bei der Darstellung „Mittel" über den Fensterflügel
hinaus an den Fensterrahmen verlängert wird, da der Flügel der

ursprünglichen Fensterfamilie in dieser Detaillierungsstufe ebenfalls nicht dargestellt wird. Die „EQ"-Bemaßungen steuern die gleichmäßige Anordnung der Referenzebenen (und damit auch der verbundenen Geometrien) bei verschiedenen Höhen und Breiten der Bauteile.

Fährt man mit der Maus über die Referenzebenen, so kann man feststellen, dass mehrere Volumengeometrien - teilweise sogar übereinander - vorhanden sind.

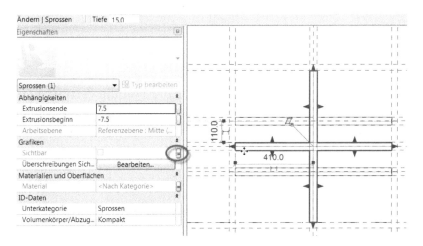

Wenn man einen der Körper anwählt, sieht man in den Exemplareigenschaften, dass die Sichtbarkeit der Geometrie jeweils mit einem Parameter verbunden ist, im Beispiel hier der Parameter „Horizontal + Vertikal". Damit wird gesteuert, welcher Teil der Geometrien zu welchem Zeitpunkt später sichtbar sein wird.

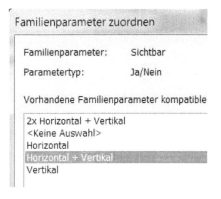

Hinweis: Im Editor selbst werden innerhalb der Familie immer alle Geometrien sichtbar bleiben, erst im Projekt bzw. in der Fensterfamilie wird die Sichtbarkeit tatsächlich greifen. Dieses Verhalten ist laut der Entwickler bewusst so gewählt, damit die Familie für den Ersteller besser lesbar bleibt. Die Praxis hat gezeigt, dass das Ausblenden verschiedener Bauteile bei der Familiengestaltung viele Nachteile hinsichtlich der Fehlersuche mit sich bringt. Es könnte z.B.

143

während der Familiengestaltung passieren, dass durch das Setzen einer Abhängigkeit einer Geometrie eine andere Abhängigkeit verletzt wird („Abhängigkeiten können nicht eingehalten werden"), dessen Geometrie wiederum gerade nicht sichtbar ist. Es wäre dann recht schwierig, diese Abhängigkeit zu lokalisieren, damit man den Fehler beheben kann. Deshalb ist es besser, die Geometrien alle sichtbar zu lassen, auch wenn dadurch zunächst die Übersichtlichkeit etwas leidet. Es ist wichtiger, alle Geometrien zunächst sichtbar vor Augen zu haben!

4.4.4 Action: Ändern der Familie

Nachdem wir uns ausgiebig mit dem Aufbau der Familie vertraut gemacht haben, wollen wir sie etwas abändern: Zunächst werden wir den fehlenden Parameter für die Sprossentiefe ergänzen, anschließend soll noch ein weiterer Sprossentyp (doppelt horizontal) hinzugefügt werden.

Neue Parameter zu bestehender Geometrie hinzufügen

Für die Ergänzung des Sprossentiefen-Parameters wechseln Sie zunächst in die Draufsicht (Referenzebene), damit wir die Tiefenausdehnung des Fensters sehen und steuern können.

In der Draufsicht sind am rechten Rand der Ebenen zwei Bemaßungen zu sehen: Eine EQ-Bemaßung, die regelt, dass sich die Volumengeometrie immer mittig ändert und eine gesperrte Bemaßung, die im Moment auf 15mm eingestellt ist.

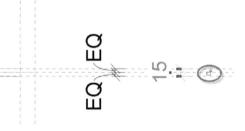

Klicken Sie auf die Bemaßung und dann auf das Schlösschen, um die Sperrung aufzuheben.

Lassen Sie die Bemaßung gleich aktiv und wählen Sie in der Optionsleiste aus dem Drop-Down-Menü „Parameter" die Option PARAMETER HINZUFÜGEN.

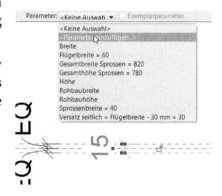

Vergeben Sie den Namen „Sprossentiefe". Ob Typen- oder Exemplarparameter eingestellt wird, spielt für unsere Zwecke keine große Rolle, da wir den Parameter später in der Fensterfamilie verknüpfen und ihn so steuern werden.

Flexen Sie anschließend das Bauteil, um die korrekte Funktionsweise überprüfen zu können.

Hinweis: Wäre die Familie als „Gemeinsam genutzt" eingestellt, hätten wir später allerdings nur Zugriff auf die Verknüpfung der Exemplarparameter!

Neuen Sprossentyp hinzufügen

In diesem Schritt soll ein weiterer Sprossentyp angelegt werden. Die Sprossen sollen das Fenster zweimal horizontal teilen, dieser Typ soll „Doppelt Horizontal" heißen.

Für die Definition des Typen „Doppelt Horizontal" als neuen Sprossentyp müssen mehrere Schritte ausgeführt werden.

a. Die Volumengeometrie für die feine Detaillierungsdarstellung wird benötigt

b. Liniengrafik für die mittlere Detaillierungsdarstellung wird benötigt

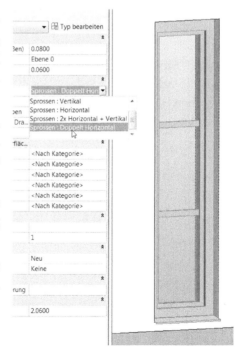

c. Den Geometrien müssen die Sichtbarkeiten zugewiesen werden

d. Der Familie muss ein weiterer Typ zugewiesen werden und die Sichtbarkeitsbedingungen müssen neu eingestellt werden

Schritt a: Volumengeometrien

Damit wir möglichst wenig Arbeit mit der Erstellung eines neuen Volumenkörpers und dessen Einstellungen haben, kopieren wir eine bestehende Geometrie und ändern diese anschließend ab.

Markieren Sie in der Vorderansicht den Volumenkörper und kopieren Sie ihn in die Zwischenablage.

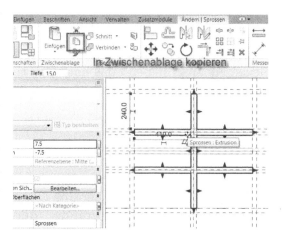

Hinweis: Möglicherweise funktioniert das Tastaturkürzel „Strg+C" im Familieneditor aufgrund eines Programmierfehlers nicht auf Anhieb. Benutzen Sie in diesem Fall den Button „In Zwischenablage Kopieren" in der Multifunktionsleiste.

Fügen Sie anschließend die Grafik gleich wieder an derselben Stelle ein.

Lassen Sie die Geometrie aktiv und wählen Sie EXTRUSION BEARBEITEN, damit die Kanten des Körpers bearbeitet werden können.

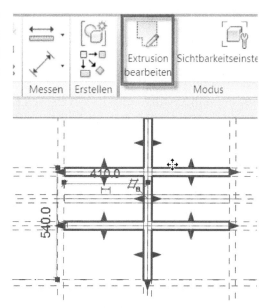

Ändern Sie zuerst die Linien zu zwei waagrechten Balken ab…

… und sperren Sie die Linien dann alle an die entsprechenden Referenzlinien!

Ausrichten und Absperren!

Achtung: Beim Kopieren von Volumenkörpern gehen alle Abhängigkeiten verloren und müssen deshalb erneut definiert werden! Denken Sie daran, die Linien wieder an alle Referenzebenen auszurichten und zu sperren!

Vergessen Sie nicht, die Sprossentiefe ebenfalls an die Ebenen zu binden. Gehen Sie dazu in die Draufsicht und binden Sie die Vorder- und Hinterkante an die beiden Ebenen.

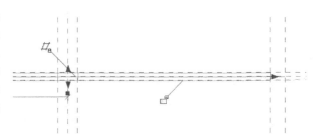

Lassen Sie die Geometrie aktiviert und klicken Sie auf das „="-Zeichen in den Exemplareigenschaften unter der Rubrik „Sichtbar".

Tipp: Mit der Tastenkombination Strg + ← (Pfeil nach links) können Sie die letzte Auswahl wieder aufrufen.

Klicken Sie anschließend auf PARAMETER HINZUFÜGEN.

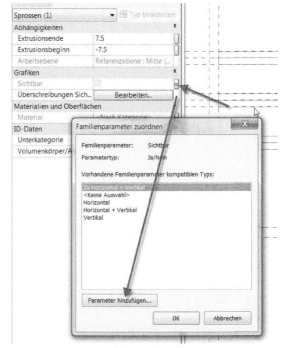

Vergeben Sie den Namen „Doppelt Horizontal" und gruppieren Sie den Parameter unter „Grafiken".

 Tipp: Sichtbarkeitsparameter, die den Typ steuern sollen, müssen logischerweise auch Typenparameter sein.

Schritt b: Liniengrafik für mittlere Detailstufe erstellen

Der vorherige Vorgang wird nun für die Liniengrafik wiederholt.

Markieren Sie dazu die zwei waagrechten Modelllinien und kopieren Sie sie wieder in die Zwischenablage.

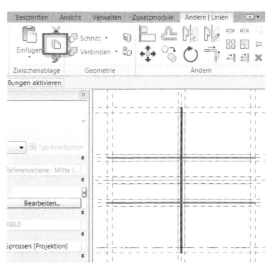

Fügen Sie die Linien anschließend gleich wieder an derselben Position ein.

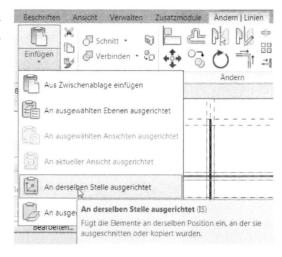

Revit gibt uns eine Warnmeldung aus, da die beiden Linien genau übereinander liegen. Diese Warnung kann ignoriert werden.

Lassen Sie die beiden Linien gleich markiert und klicken Sie in den Eigenschaften wieder auf das Parameterkästchen rechts neben dem Eintrag „Sichtbar".

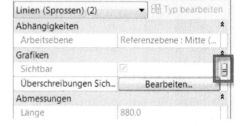

Ändern Sie die Parameterzuweisung in „Doppelt Horizontal", damit die Linien ebenfalls nur zu dieser „Bedingung" sichtbar sein werden.

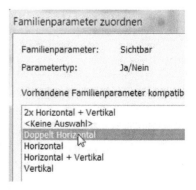

Wenn man eine der gerade erstellten Linien wählt, kann man erkennen, dass die Abhängigkeiten (im Gegensatz zu den Volumengeometrien) erhalten geblieben sind. Wir brauchen diese Linien also nicht nochmals auszurichten und zu sperren!

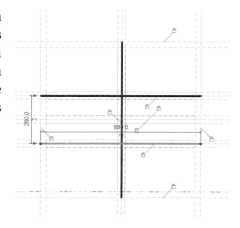

Hinweis: Neben diesen Modellinien, die hier Einsatz gefunden haben, gibt es in der Rubrik „Beschriften" auch Symbolische Linien. Die symbolischen Linien werden z.B. für die Darstellung von Geometrien in der Draufsicht benutzt, die nicht im 3D sichtbar sein sollen (z.B. Türaufschlagsbogen, Fensterflügel, Bettdecke, etc). Die Verwendung der symbolischen Linien entspricht der der Modellinien, sie werden jedoch nur in orthogonalen Ansichten gezeigt (Grundrisse, Schnitte, Ansichten).

Schritt c: Sichtbarkeiten den Geometrien zuweisen

Diesen Schritt haben wir bereits „nebenbei" ausgeführt: Allen relevanten Grafiken, die nur bei bestimmten Typeneinstellungen sichtbar sein sollen, müssen entsprechende Typenparameter zugeweisen werden (bei uns „Doppelt Horizontal").

Der Sichtbarkeitsparameter ist eine „Ja/Nein"- Bedingung, mit deren Hilfe im nächsten Schritt gesteuert wird, ob diese Geometrie sichtbar dargestellt wird oder nicht. So ist es möglich, in einer Familie mehrere verschiedene Grafiken „vorrätig" zu haben, die dann jeweils zu einem bestimmten Typ zugeordnet werden können.

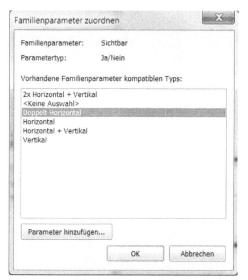

Schritt d: Erstellen des neuen Typs und Einstellen der Sichtbarkeiten

Als Letztes muss jetzt ein neuer Typ erstellt und die Sichtbarkeiten angepasst werden.

Öffnen Sie dazu das Familientypen – Dialogfeld. Erstellen Sie einen neuen Typen und vergeben Sie den Namen „Doppelt Horizontal".

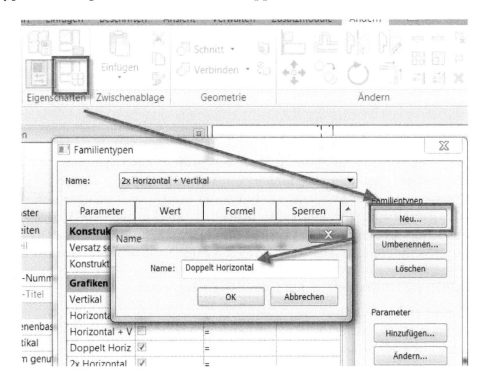

 Hinweis: Der Name kann natürlich beliebig sein und muss nicht zwingend mit dem Namen des Sichtbarkeitsparameters übereinstimmen.

Ab jetzt steht in der Sprossenfamilie ein weiterer Typ zur Verfügung.

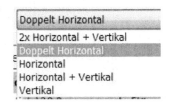

152

Es ist aber nötig, alle Typen nochmals auf die neuen Sichtbarkeiten einzustellen.

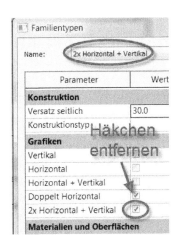

Schalten Sie dazu der Reihe nach alle Typen durch und entfernen Sie die Häkchen bei den nicht passenden Parametern.

Beim Typ „2x Horizontal + Vertikal" soll nur der Parameter „2x Horizontal + Vertikal" sichtbar sein, deaktivieren Sie deshalb den Parameter „Doppelt Horizontal".

Wiederholen Sie den Vorgang für alle anderen Typen, so dass bei jedem Familientyp jeweils eine Grafikoption aktiv ist.

Damit die Sprossenfamilie richtig in unser Giebelfenster eingepasst wird, muss noch die Formel im Parameter „Versatz seitlich" etwas angepasst werden (dadurch wird die seitliche Verlängerung der Linien über die Flügel hinaus gesteuert).

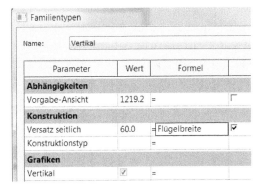

Löschen Sie in dieser Zeile den Ansatz „-30mm" und geben Sie unter Formel „Flügelbreite" ein. Dadurch werden die Linien um den Wert der Flügelbreite verlängert.

4.4.5   Einstellungen in der Familienkategorie

Für die Sprossenfamilie kann die Kategorie „Fenster" belassen werden. Das Wechseln in eine andere Kategorie ist hier in gewissen Grenzen möglich. Eine kurze Übersicht über die verschiedenen Besonderheiten der Kategorien finden Sie im Anhang.

Für die einfachere Platzierung des Bauteils ist es hilfreich, in der Dialogbox „Familienkategorie und -parameter" die Option „Arbeitsebenenbasiert" zu aktivieren.

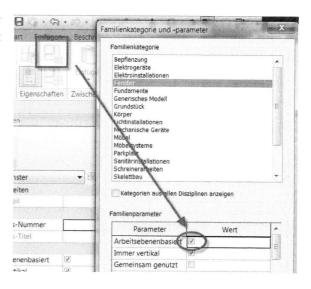

Damit erhält man die Möglichkeit die Familie auf benannten Referenzebenen und auch auf Flächen zu platzieren. Das erleichtert in unserem Falle die Anordnung der Sprossen in der Fensterfamilie.

Die Option „Immer vertikal" steuert, ob das Bauteil auf schiefen Ebenen lotrecht zur Einfügeebene platziert wird oder nicht. Das kann z.B. bei Dachaufbauten wie einem Kamin, der auf einer Dachfläche platziert wird interessant sein:

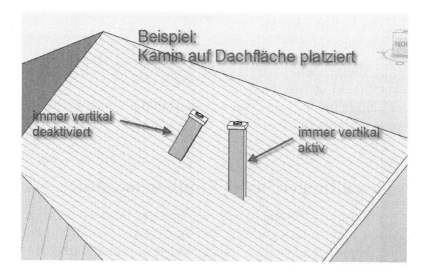

Die Option „Gemeinsam genutzt" steuert, ob verschachtelte Familien in einem Projekt mit ausgewertet werden können. In unserem Beispiel soll die Sprossenfamilie nicht in der Fensterliste aufgeführt werden, deshalb soll diese Option deaktiviert bleiben.

Würde man z.B. eine Tischfamilie erstellen, in der die Stühle gleich mit platziert sind, die Stühle aber in der Bauteilliste mitgezählt werden sollen, so müsste die Stuhlfamilie als „Gemeinsam genutzt" definiert sein.

Die OmniClass-Nummer ist ein international festgelegter Standard für Klassifizierungen von Bauprodukten (ähnlich einem Standard-Leistungsverzeichnis). Die OmniClass-Kategorien sind von Autodesk schon hinterlegt worden und man kann aus einer Struktur einzelne Positionen auswählen. Wird die OmniClass-Nummer in der Familie hinterlegt, können bei einem Austausch z.B. über das IFC-Format in andere CAD-Systeme mehr Informationen des Bauteils übertragen werden.

4.4.6   Verschachtelung der Familie und Verknüpfung der Parameter

Nachdem nun alle wichtigen Einstellungen in der Sprossenfamilie getätigt sind, soll diese jetzt in die Fensterfamilie integriert werden. Dabei sollen verschiedene Werte der Sprossenfamilie über die Werte der Fensterfamilie gesteuert werden, sodass die Größe der Sprossen immer automatisch der Größe des Fensters folgt. Auch die Auswahl des Sprossentyps soll wie in der „Original"- Fensterfamilie über ein Drop-Down-Menü gewählt werden können.

Laden Sie dazu zuerst die Sprossenfamilie in die Giebelfensterfamilie.

Öffnen Sie dazu einfach beide Familien, wechseln Sie in die Sprossenfamilie und klicken Sie dort auf den Button IN PROJEKT LADEN.

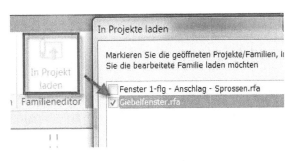

Wählen Sie im erscheinenden Dialogfenster, die Giebelfensterfamilie aus (das Häkchen muss gesetzt sein) und bestätigen Sie mit „OK"

Ändern Sie ggf. in der Rubrik „Platzierung" die Option in Auf Arbeitsebene platzieren und klicken Sie dann auf einen Punkt etwas vor dem Fenster (damit die Sprossen vorerst sichtbar sind).

Je nach eingestellter Detaillierungsstufe wird die Sprossenfamilie nicht oder nur über eine Strichgrafik sichtbar sein. Stellen Sie ggf. den Detaillierungsgrad der Ansicht entsprechend ein.

Wählen Sie die Sprossenfamlie an und

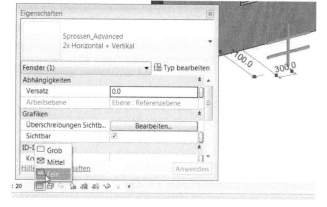

stellen Sie den Typ z.B. auf „2x Horizontal +Vertikal", damit Sie die Geometrie besser erkennen können.

Die Sprossen sind im Moment auf der Basisebene eingefügt, also mit dieser verbunden. Im Projekt sollen die Sprossen aber der Brüstungshöhe des Fensters folgen. Daher werden wir im nächsten Schritt die Arbeitsebenen der Sprossenfamilie entsprechend umstellen. In unserem Beispiel bietet sich die Referenzebene des Fensterrahmens an, da diese Ebene der Brüstung folgt.

Wechseln Sie in die Ansicht „Außen" (stellen Sie auch hier ggf. wieder die Detaillierung um) und wählen Sie die Sprossen nochmals an.

Klicken Sie auf den Button ARBEITSEBENEN BEARBEITEN und wählen Sie in der erscheinenden Dialogbox EBENE AUSWÄHLEN.

Schließen Sie die Dialogbox mit „OK".

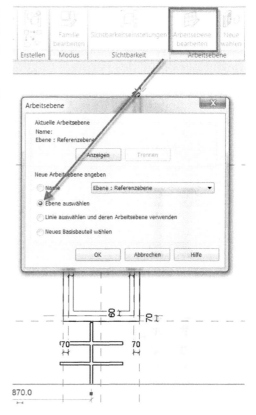

Klicken Sie auf die obere Referenzebene des Fensterrahmens.

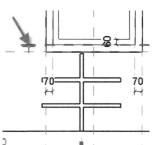

Die Sprossen stehen jetzt auf dieser gewählten Ebene.

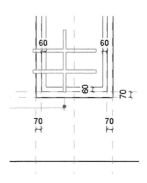

Richten Sie die Sprossen gleich an der Mitte des Fensters aus uns sperren Sie die Abhängigkeit, damit die Sprossen immer mittig der Breite des Fensters folgen.

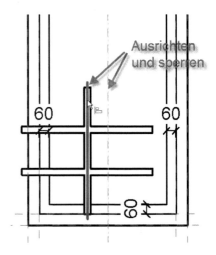

Wählen Sie wieder die Sprossenfamilie und geben Sie in den Eigenschaften bei „Versatz" den Wert 60 ein. Damit wird die Unterkante der Sprossen immer 60mm über der Referenzebene „schweben" und somit an der Oberkante des Fensterflügels enden.

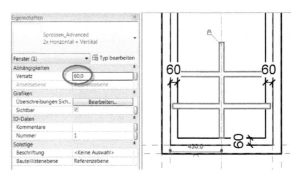

Tipp: Wäre die Rahmenbreite parametrisch, könnte man den Parameter mit dem Versatz verknüpfen. Dazu muss man lediglich auf das Kästchen rechts neben dem Wert klicken und den Parameter angeben. Siehe hierzu auch den nächsten Absatz, dort werden wir diese Methode anwenden, um die Sprossengröße an die Fenstergröße zu binden.

Lassen Sie die Sprossenfamilie aktiviert und rufen Sie die Typeneigenschaften auf.

Die Parameter „Gesamtbreite Sprossen" und „Gesamthöhe Sprossen" sollen über die Fensterfamilie gesteuert werden, diese Parameter müssen daher in der Fensterfamilie verlinkt werden.

Klicken Sie zuerst auf das Kästchen rechts neben dem Wert „Gesamtbreite Sprossen".

Klicken Sie anschließend auf PARAMETER HINZUFÜGEN.

Hinweis: Der schon vorhandene Parameter „Breite" kann nicht direkt verwendet werden, da er die Gesamtbreite des Fensters darstellt. Wir benötigen aber die Breite abzüglich der Rahmen und Flügel. Daher erstellen wir uns in der Fensterfamilie einen eigenen Parameter und versehen ihn mit entsprechenden Formeln.

Vergeben Sie anschließend einen Parameter, z.B. mit dem Namen „Sprossengesamtbreite".

Hinweis: Der Parameter könnte auch den gleichen Namen wie in der Sprossenfamilie erhalten ("Gesamtbreite Sprossen"), zur besseren Übersicht in unserem Beispiel nehme ich aber bewusst einen anderen, damit man besser unterscheiden kann, welcher Parameter gerade bearbeitet wird.

Wiederholen Sie den Vorgang für die Höhe der Sprossen. Vergeben Sie für diesen Parameter z.B. den Namen „Sprossengesamthöhe".

Hinweis: Soll die Sprossenbreite und –tiefe auch in der Fensterfamilie steuerbar sein, so fügen Sie ebenfalls entsprechende Parameter hinzu. Auch der seitliche Versatz der Linien für die mittlere Detailstufe könnte auf diese Art direkt gesteuert werden.

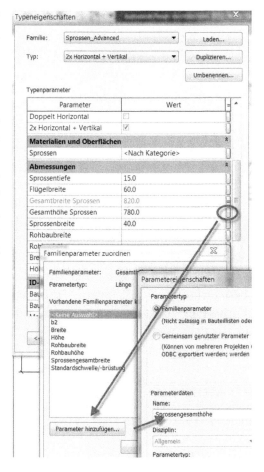

Öffnen Sie als nächstes die Familientypen und geben Sie beim Parameter „Sprossengesamthöhe" die Formel Höhe – 2*(60+70) ein.

Hinweis: Natürlich können Sie auch gleich die Klammer auflösen und „Höhe – 260" eintragen. Ich finde aber, dass so die Familie besser nachvollziehbar bleibt und damit ggf. später leichter geändert werden kann, z.B. wenn die Familie einen Parameter für eine veränderbare Flügelbreite bekommt.

160

Wiederholen Sie den Vorgang für die Sprossengesamtbreite.

Stellen Sie die restlichen Typen jeweils im Eigenschaftenfenster um und weisen Sie die gerade erstellten Parameter ebenfalls diesen Typen zu.

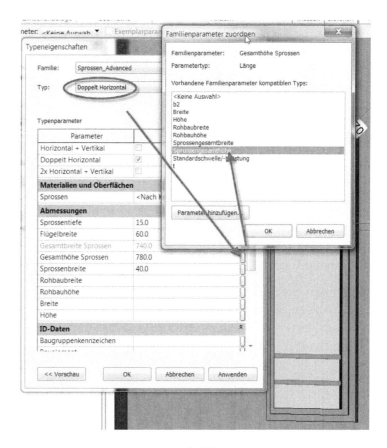

Wechseln Sie anschließend in die Ansicht „rechts", stellen Sie auch hier wieder die Detaillierung auf „Fein" damit die Sprossen sichtbar werden.

Richten Sie dann die Achse der Sprossenfamilie an der Achse der Verglasung aus und sperren Sie die Abhängigkeit, damit die Sprossen mittig im Glas platziert bleiben.

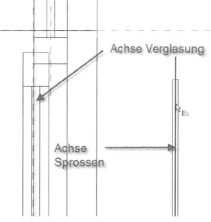

Die 3D - Ansicht sollte nun wie nebenstehend aussehen.

4.4.7 Steuerung des Typs der verschachtelten Familie

Im letzten Schritt soll noch die Steuerung des Sprossentyps hinzugefügt werden.

Öffnen Sie dazu das Familientypen – Dialogfenster und fügen Sie einen weiteren Parameter hinzu.

Benennen Sie ihn „Sprossentyp" und wählen Sie unter der Rubrik „Parametertyp" die Option „Familientyp" aus.

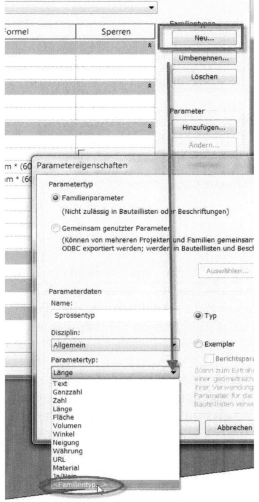

Wählen Sie in der erscheinenden Dialogbox die Kategorie der Sprossenfamilie aus (Fenster).

Damit haben wir den hinzugefügten Parameter dazu bestimmt, in der Familie vorhandene verschachtelte Fenster-Familientypen zu erkennen.

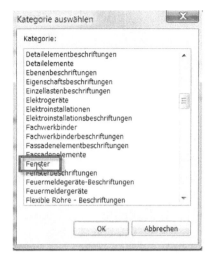

Wählen Sie die Sprossenfamilie an und weisen Sie ihr in den Eigenschaften in der Zeile „Beschriftung" den Parameter „Sprossentyp" zu, damit die Grafik weiß, dass sie zu dem Parameter gehört.

Von nun an kann der Sprossentyp der Familie über die Familientypen ausgewählt werden.

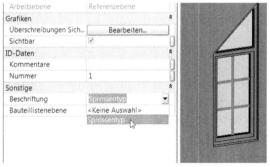

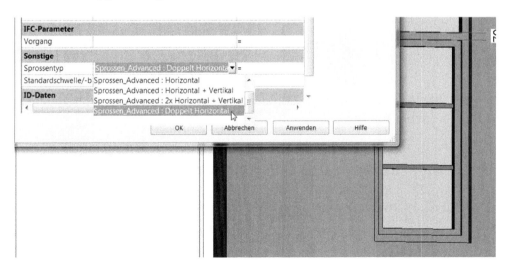

4.4.8 Vorbereiten der Familie für das Projekt

Bevor die Familie im Projekt verwendet wird, sollten noch ein paar Punkte erledigt werden, damit die Familie möglichst effizient verwendet werden kann.

Entfernen Sie zuerst die nicht benötigten Familientypen, die wir zum Flexen des Bauteils angelegt haben. Rufen Sie dazu die Familientypen auf, wählen Sie nacheinander die Typen „kleiner" und „größer" aus und klicken Sie jeweils auf „Löschen".

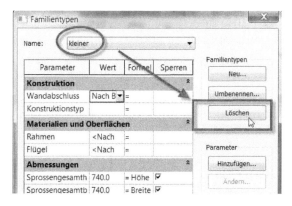

Setzen Sie den Typen „Standard" anschließend durch umbenennen auf eine bestimmte Größe, die später im Projekt angezeigt werden soll.

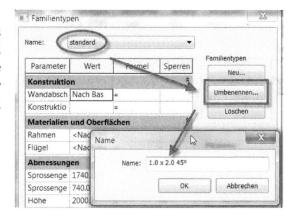

 Tipp: In der Praxis hat es sich bewährt, die Typen mit der Größe des Bauteils zu benennen, damit man im Projekt den Überblick behält, welches Bauteil das benötigte ist.

Da die Größe der Familie direkt die Größe des Projektes beeinflusst, ist es sinnvoll, die Familie nicht unnötig aufzuplustern. Rufen Sie daher unter der Rubrik VERWALTEN den Befehl NICHT VERWENDETE BEREINIGEN auf.

Markieren Sie alle Elemente, die gelöscht werden sollen mit einem Häkchen (bzw. entfernen Sie das Häkchen von den Elementen, die nicht gelöscht werden sollen). In unserem Beispiel betrifft das die Elemente in der Sprossenfamilie, da diese nur den momentan eingestellten Typ verwendet und die restlichen Typen somit als nicht benötigt erkannt werden.

Mit einem Klick auf „OK" werden alle markierten Elemente dauerhaft aus der Familie entfernt; die Familie wird somit kleiner.

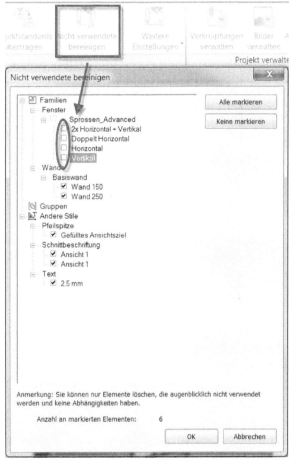

Tipp: Um die Familie anschließend noch einmal zu verkleinern kann man sie unter einem neuen Namen abspeichern. Dadurch werden weitere nicht benötigte Informationen aus der Familie entfernt, was zu nicht unerheblichen Verkleinerungen führen kann.

4.5 Steuerungen von Familien und deren Typen über .txt-Dateien (Typenkataloge)

In diesem Abschnitt soll erläutert werden, wie man mehrere Typen über eine externe Datei steuert (sogenannte Typenkataloge). Typenkataloge sind vor allem bei sich wiederholenden Standardgrößen von Vorteil wie z.B. bei Stahlprofilen oder Türen. Im Gegensatz zu einer internen Steuerung der Typen (wenn man also die Typen gleich alle in der Familie über das Familientypen-Fenster anlegen würde) können beim Importieren ins Projekt gezielt einzelne oder mehrere benötigte Typen aus einer Liste ausgewählt werden. Bei dieser Vorgehensweise bleibt sowohl die Typenauswahl als auch die Projektgröße übersichtlicher.

Hinweis: Die Projektgröße verhält sich in Bezug auf die Familien und Typen in etwa folgendermaßen: Anzahl der Familien mal die Größe der Familien mal 0.2 ergibt den benötigten Platz auf der Festplatte. Allerdings wird die Größe beim Öffnen des Projekts verdoppelt, der benötigte Arbeitsspeicher liegt bei Faktor 6(!). Gar nicht ohne also!

4.5.1 Funktionsweise der Typenkataloge

Zusätzlich zur Familie wird im selben Verzeichnis eine txt-Datei mit demselben Namen wie die Familie angelegt. In dieser Datei müssen alle zu steuernden

Parameter sowie die Namen der Typen und deren gewünschte Größen aufgeführt sein.

Aufbau der txt – Datei

Die Text-Datei kann mit einem beliebigen Editor erstellt werden, wie z.B. WordPad, dem Windows Editor oder auch Notepad. Word könnte unter Umständen eigene Formatierungen hinterlegen, die später stören könnten und ist daher nicht zu empfehlen. Ein Tabellenkalkulationsprogramm wie z. B. Excel könnte dagegen verwendet werden,

wenn man die Datei anschließend als .csv-Datei exportiert. Achten Sie aber auch hier auf die richtigen Einstellungen beim Export. Das gespeicherte Datenformat muss die Endung .txt besitzen.

 Tipp: Falls Sie sich nicht sicher sind, verwenden Sie den Windows Editor. Er ist unter Start/ Alle Programme/Zubehör zu finden.

Alternativ gibt es ab Version 2012 die Möglichkeit, die Typen gleich aus dem Familieneditor heraus als Katalog exportieren zu lassen.

Der Dialog dazu befindet sich im Menübrowser unter Exportieren/Familientypenk atalog exportieren.

Die Exportierten Dateien müssen in der Regel manuell nachbearbeitet werden, bieten aber eine gute Basis für den Start.

Im oberen Teil sind die Bezeichnungen der Spalten wie „Höhe", „Breite", usw. und die Einheiten (length, millimeters) definiert.

Darunter kommen dann die eigentlichen Typen mit den Bezeichnungen, z.B. „88.5 x 2.26", und Abmessungen.

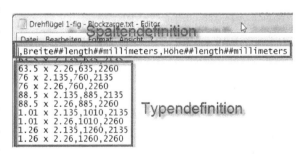

Regeln der Spaltendefinition

Diese Zeile muss immer mit einem Komma beginnen. Vor dem Komma sitzt sozusagen ein Platzhalter für den Typennamen in der Typendefinition (siehe nächster Absatz „Typendefinition").

Anschließend wird der Name des ersten Parameters angegeben, im obigen Beispiel die Türbreite. Der Parametername dafür ist in der Familie „Breite".

Nach dem Parameter kommt immer eine doppelte Raute (##) als Trennzeichen und es folgt der Parametertyp, der bei der Definition des Parameters angelegt wurde, hier im Beispiel „Länge". Allerdings muss man diese Angaben immer in englischer Sprache eingeben.

Es gibt folgende gültige Parametertypen in der Disziplin „Allgemein":

 Tipp: Verändern Sie die Disziplin, um auf weitere Parametertypen Zugriff zu erhalten (Tragwerk und Elektrisch in Revit Architecture).

Parametertypen und deren englische Bezeichnungen sowie deren Einheiten:

Allgemein		
Parametertyp	**Englische Bezeichnung**	**Gültige Einheiten**
Text	text	other
Ganzzahl	integer	other
Zahl	number	other
Länge	length	millimeters centimeters meters
Fläche	area	square_millimeters square_centimeters square_meters hectares
Volumen	volume	cubic_millimeters cubic_centimeters cubic_meters liters
Winkel	angle	degrees
Neigung	slope	slope_degrees percentage
Währung	currency	other
URL	url	other
Material	material	other
Ja/Nein	yes/no	other
Familientyp	family_type	other

Tragwerk		
Kraft	force	newtons decanewtons kilonewtons meganewtons
Lineare Kraft	linear_force	newtons_per_meter decanewtons_per_meter kilonewtons_per_meter meganewtons_per_meter
Flächenkraft	area_force	newtons_per_square_meter decanewtons_per_square_ meter kilonewtons_per_square_m eter meganewtons_per_square_ meter
Moment	moment	newton_meters decanewton_meters kilonewton_meters meganewton_meters
Lineares Moment	linear_moment	newton_meters_per_meter decanewton_meters_per_m eter kilonewton_meters_per_m eter meganewton_meters_per_ meter
Spannung	stress	newtons_per_square_meter decanewtons_per_square_ meter kilonewtons_per_square_m eter meganewtons_per_square_ meter
Stückgewicht	unit_weight	kilonewtons_per_cubic_me ter

Wärmedehnungskoeffizient	thermal_expansion_coefficient	inverse_degrees_celsius
Punkt-Federkoeffizient	point_spring_coefficient	newtons_per_meter decanewtons_per_meter kilonewtons_per_meter meganewtons_per_meter
Linien-Federkoeffizient	line_spring_coefficient	newtons_per_square_meter decanewtons_per_square_meter kilonewtons_per_square_meter meganewtons_per_square_meter
Flächen-Federkoeffizient	area_spring_coefficient	kilonewtons_per_cubic_meter
Rotationspunkt-Federkoeffizient	rotational_point_spring_coefficient	kilonewtons_per_degree
Rotationslinien-Federkoeffizient	rotational_line_spring_coefficient	kilonewtons_per_degree_per_meter
Bewehrungsvolumen	reinforcement_volume	cubic_millimeters cubic_centimeters cubic_meters
Bewehrungslänge	reinforcement_length	millimeters centimeters meters

Elektro		
	electrical_luminance	candelas_per_squaremeters footlamberts
Beleuchtungsstärke	electrical_illuminance	lux
Lichtstrom	electrical_luminous_flux	lumens

171

Lichtstärke	electrical_luminous_intensity	candelas
		lumens
Wirkungsgrad	electrical_efficacy	lumens_per_watt
Wattzahl	electrical_wattage	watts
		kilowatts
		calories_per_second
		kilocalories_per_second
		volt_amperes
		horsepower
Farbtemperatur	color_temperature	Fahrenheit
		Celsius
		Kelvin
		Rankine

Hinweis: Das Thema ist selbst in den Autodesk-Unterlagen nur sehr vage und mit vielen Fehlern beschrieben. Ich habe versucht, eine möglichst genaue und umfassende Tabelle der verfügbaren Parameter zusammenzutragen. Die Liste erhebt daher weder den Anspruch auf Vollständigkeit noch auf die Richtigkeit aller einzelnen Angaben.

Eine Liste, die auch die Werte aus Revit Strucutre/MEP enthält, finden Sie im Anhang!

4.5.2 Beispiel: Katalog für Giebelfenster mit Rollokasten

Für dieses Beispiel habe ich das in den vorigen Kapiteln erstellte Giebelfenster noch um einen Rollokasten ergänzt. Der Rollokasten ist eine verschachtelte Familie (Kategorie „Mechanische Geräte") mit einer Auswahl zwischen den Formen „Eckig" und „Rund". Siehe dazu auch die Datei „Giebelfenster-Sprossen und Rollo".

Tipp: Um für einen Sichtbarkeitsparameter zu definieren, dass er nur aktiv ist, wenn ein anderer Sichtbarkeitsparameter nicht aktiv ist („Schalte den Parameter ‚Eckig' ein, wenn der Parameter ‚Rund' nicht aktiv ist" – um zu vermeiden, dass der eckige und der runde Rollokasten zugleich sichtbar sind), muss in der Spalte „Formel" eingetragen werden:

Name:	Eckig		
Parameter	**Wert**	**Formel**	
Abhängigkeiten			
Vorgabe-Ansicht	1219.2	=	⌐
Grafiken			
Rund	☐	=	
Eckig	☑	= not(Rund)	
Abmessungen			
Tiefe	170.0	=	⌐
Länge	1000.0	=	⌐
Höhe	170.0	=	⌐
ID-Daten			

not (Rund)

Diese Bedingung definiert: Wenn „Rund" nicht gilt (=aus), dann schalte „Eckig" aktiv (=an).

Für diese Familie soll nun ein Typenkatalog erstellt werden, der mehrere Größen des Fensters und mehrere Optionen der Sichtbarkeiten der Bauteile beherbergt.

Hinweis: Ich persönlich finde Typenkataloge bei Fenstern für die Praxis weniger wichtig, da mittlerweile die Fenstergrößen nurmehr selten an die Normmaße angepasst werden. Der Praxisbezug der Vorgehensweise an sich ist daher eher gering, als Beispiel für das Anlegen eines Kataloges ist es aber bestens geeignet.

Prinzipiell sollten Typenkataloge für Familien immer dann angelegt werden, wenn später tatsächlich Normmaße verwendet werden, wie z.B. Lichtschächte, Türzargen, Stahlprofile, etc. Sinnvoll sind die Kataloge aber natürlich auch, wenn das Bauteil selbst variieren kann, aber innerhalb eines festgelegten Bürostandards gewisse Größen bevorzugt verwendet werden (dies gilt wiederum in einigen Planungsbüros für die Fenster). Behalten Sie für die Entscheidung immer das Bauteil selbst *und* den Bürostandard im Auge. Legen Sie *keine* Typenkataloge für sich ständig ändernde Bauteile an!

Im Typenkatalog soll gesteuert werden:

Typname, Fensterbreite, Fensterhöhe, Rollokastenform, Rollokasten-Sichtbarkeit

Die Spaltendefinition dafür sieht wie folgt aus:

,Breite##length##meters, Höhe##length##meters, Rollokastenform##other##, Rollokasten##other##

Eine Zeile der Typendefinition könnte z.B. sein:

1.0x2.0 RoKA Eckig, 1,2, Rollokasten vorgesetzt : Eckig, 1

Beispiel eines Typenkataloges mit vier verschiedenen Typen zur Auswahl:

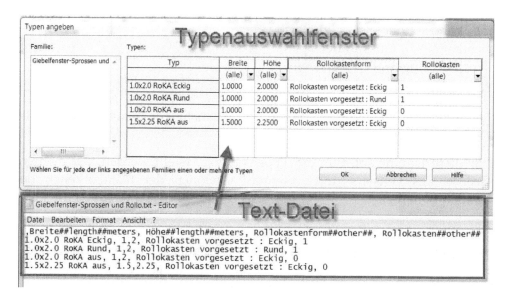

Die Zeile nochmals im Detail:

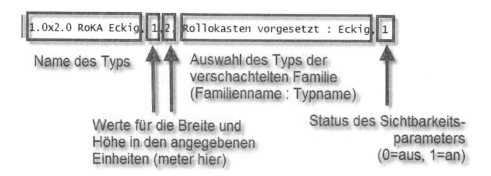

Bemerkungen

Name des Typs: Kombination aus Buchstaben und/oder Zahlen

Werte für die Parameter: Je nach Parametertyp Zahlen oder Text in der Einheit, die in der Spaltendefinition aufgeführt wurde. Für gültige Einheiten siehe Tabelle oben. Die Darstellung der Einheiten im Projekt selbst wird dadurch nicht beeinflusst. Theoretisch kann man auch Formeln in der .txt-Datei einsetzen (z.B. =(3+2)*5, ich sehe aber zunächst keinen direkten praktischen Nutzen hierin, am ehesten vielleicht bei Winkelfunktionen.

Steuerung eines Typs einer verschachtelten Familie: Verwenden Sie dafür die Syntax Parametername##other## in der Spaltendefinition und in der Typendefinition dann Familienname : Typname.

Steuerung von Sichtbarkeitsparametern: Verwenden Sie hier ebenfalls die Syntax Parametername##other## in der Spaltendefinition und setzen Sie in der Typendefinition nur die Werte 1 (=an) oder 2 (=aus) ein.

Materialparameter: Syntax in der Spaltendefinition ist Parametername##other##, in der Typendefinition muss dann das Material direkt eingetragen werden. Damit die Übernahme der Materialien funktioniert, müssen diese aber exakt unter dem angegebenen Namen in der Familie oder im Projekt angelegt sein.

In diesem Kapitel haben Sie gelernt, wie man Typenkataloge erstellt und damit die Familien beim laden ins Projekt steuern kann!

5

Best Practice: Beispiele für Einstellungen von Sichtbarkeiten

5.1 3-D Bauteile und deren Sichtbarkeiten

Um bei einer komplexen Volumengeometrie eine vernünftige Optik zu erlangen, ist es sinnvoll, bestimmte Volumenkörper nicht sichtbar erscheinen zu lassen und dafür (2D) Liniengrafiken anzeigen zu lassen. Zum Beispiel ein Konzertstuhl in der „Ausgangsversion" in der 3D-Ansicht und in der Draufsicht:

In der Draufsicht erkennt man, dass die Grafiken des 3D-Körpers viele störende Linien zeigen. Daher werden die Volumenkörper in der Familie zuerst in der Draufsicht ausgeblendet:

Markieren Sie die entsprechenden Volumenkörper (hier alle) und rufen Sie dann die „Sichtbarkeitseinstellungen" auf.

Dort können Sie entscheiden, in welchen Ansichten die Geometrien ausgeblendet sein sollen, hier z. B. im Grundriss.

Nun wäre logischerweise in der Draufsicht nichts mehr sichtbar, es muss also im nächsten Schritt für adäquaten Ersatz gesorgt werden. Hier stehen wieder mehrere Möglichkeiten zur

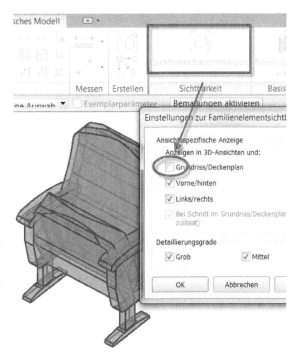

Auswahl:

1. Über Symbolische Linien: Das sind (2D) Linien, die im Projekt dann in der spezifischen Ansicht gezeigt werden

2. Über importiert DWG´s: Das ist sehr praktisch, wenn entsprechende Vorlagen schon fertig vorhanden sind. Allerdings sind diese Grafiken logischerweise starr und können kaum parametrisiert werden

3. Über Detailbauteile, die vorher in Revit erstellt wurden. Zum Erstellen eher aufwändig, kann aber wiederum parametrisch sein.

5.1.1   Symbolische Linien

Werfen wir zunächst einen Blick auf die symbolischen Linien. Die symbolischen Linien sind zweidimensionale Grafiken, die ansichtsspezifisch erstellt werden und später auch nur dort zu sehen sein werden. D. h. man kann für Grundrisse und Seitenansichten getrennte und voneinander unabhängige Grafiken erzeugen.

Der Befehl dazu ist in der Rubrik „Beschriften" zu finden.

Mit den üblichen Zeichenwerkzeugen kann eine entsprechende Grafik erzeugt werden.

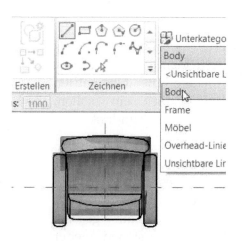

Tipp: Sie können z. B. die Kanten über die Grafikanzeigeoptionen ausschalten, damit Sie den Volumenkörper als „Unterlage" sehen können, aber die Kanten nicht weiter stören.

Optional können Sie wieder jeder symbolischen Linie eine Unterkategorie zuweisen, um die Sichtbarkeiten später im Projekt nochmal unterteilt steuern zu können.

Selbstverständlich können – falls sinnvoll – alle Linien an Referenzebenen gebunden und somit parametrisiert werden.

Jeder Linie kann auch über die Sichtbarkeitseinstellungen die Sichtbarkeit in den verschiedenen Detailierungsgraden zugeteilt werden.

Tipp: Gruppieren Sie ggf. die Linien, damit Sie den Überblick besser behalten können, wenn Sie verschiedene Grafiken in allen drei Stufen hinterlegt haben.

5.1.2 Importierte DWGs

Sollten Sie für Ihr Bauteil eine fertige DWG z. B. als Block aus einer Bibliothek vorliegen haben, dann können Sie diese Grafiken ggf. auch direkt für die Familie verwenden. Die Funktionsweise entspricht im Prinzip weitgehend der der symbolischen Linien, jedoch mit dem Nachteil, dass die Grafiken kaum parametrisierbar sind und evtl. die Sichtbarkeiten – abhängig vom Aufbau der DWG - etwas umständlicher zu steuern sind.

 Bevor Sie eine DWG importieren, öffnen Sie die Ansicht, in die importiert werden soll und stellen Sie die Arbeitsebene parallel zur Ansicht ein. Also z. B. in der Seitenansicht auf die Ebene „Mitte (Links/Rechts)".

Um die DWG zu importieren öffnen Sie den Dialog über den Button CAD IMPORTIEREN in der Rubrik EINFÜGEN.

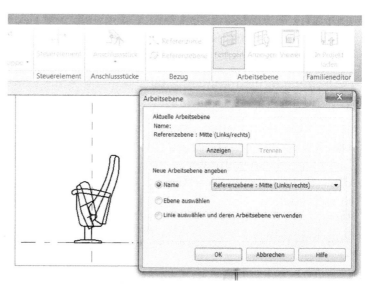

Stellen Sie die Optionen nach Ihren Wünschen ein, achten Sie aber darauf, dass das Häkchen bei „Nur aktuelle Ansicht" gesetzt ist, ansonsten ist anschließend die DWG auch in der 3D-Ansicht sichtbar.

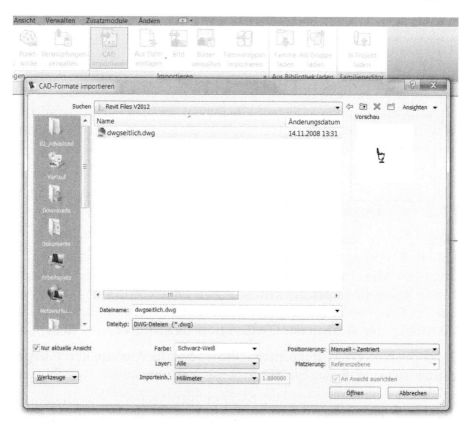

Auch die DWG kann über die Sichtbarkeitseinstellungen gesteuert werden, wie schon bei den symbolischen Linien. Markieren Sie die DWG und rufen Sie den Dialog auf.

Die Importierte DWG kann bei Bedarf auch aufgelöst werden, beachten Sie dabei aber, dass das Auflösen generell nur bis zu einer bestimmten Anzahl von Objekten möglich ist und die Performance dadurch beeinträchtigt werden kann.

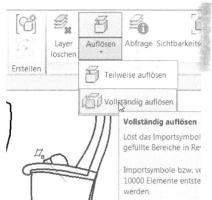

Tipp: Eine gute Lösung kann oftmals sein, importierte DWG in der Familie nachzuzeichnen und dann wieder aus der Familie zu entfernen. Denken Sie dabei daran, dass das Werkzeug „Linien auswählen" hier sehr hilfreich sein kann, oftmals auch in Verbindung mit der Tab-Taste, damit ganze Linienzüge gewählt werden können!

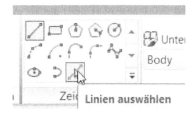

Das Aussehen der Linien kann über die Sichtbarkeiten der Grafiken bzw. die Objektstile beeinflusst werden. Die DWG befindet sich in der Rubrik „Importierte Objekte" unter „Importiert in Familien".

5.1.3   Detailbauteile

Etwas eleganter ist die Methode Detailbauteile in Familien zu integrieren. Die Gestaltungs- und Steuerungsmöglichkeiten sind hier höher, allerdings mag oftmals auch der Erstellungsaufwand etwas höher liegen. Als weiterer Vorteil hingegen muss man die bessere Verwendbarkeit für andere Projekte hinzuziehen. Detailbauteile können natürlich auch wieder, falls sinnvoll für den jeweiligen Verwendungszweck, parametrisiert werden.

Über die Vorlage M_Detailbauteil wird eine entsprechende Familie angelegt. Die Kontur würde wieder wie über die symbolischen Linien erstellt werden (ggf. in Abhängigkeiten gesetzt), auch die Sichtbarkeitseinstellungen sind wieder wie bei den vorherigen Vorgehensweisen vorhanden.

In diesem Beispiel sind zwei verschiedene Detailierungsstufen angelegt worden, eine sehr simple Darstellung für den Detailierungsgrad „Grob" (die durchgezogenen Linien) und eine etwas detailliertere für „Mittel" und „Fein" (die gestrichelten Linien).

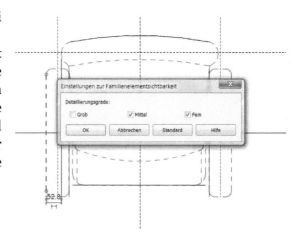

Diese Familie wird gespeichert und anschließend in die Konzertstuhl-Familie geladen und platziert.

Der Stuhl nochmal in der 3D Ansicht und im Grundriss.

5.2 Sichtbarkeiten bei Detailbauteilen (2D)

Mit Hilfe der Detailbauteile erhält man in Revit die Möglichkeit, sehr schnell (2D) Detaillierungen zum 3D Modell hinzuzufügen. Detailbauteile können sowohl zum Ergänzen von 3D Bauteilen benutzt werden als auch zum Platzieren von komplett eigenständigen Regeldetails.

Der Einsatz von Detailbauteilen innerhalb eines Projektes ist im Grundlagenteil dieser Bücherserie in Kapitel 3.14 beschrieben. Darüber hinaus kann man aber auch ein Detailbauteil direkt in eine Familie einfügen, damit z. B. das Detail für den Rollokasten gleich im Schnitt sichtbar wird. Damit die Zeichnung auch in kleineren Maßstäben (1:100 und höher) lesbar bleibt, sollte die Darstellung abhängig vom Detaillierungsgrad variieren.

Beispiel für die Darstellung im Maßstab „Mittel" bzw. „Fein":

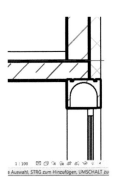 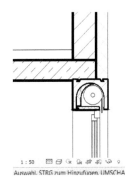

Um diese Darstellung zu erreichen gehen Sie wie folgt vor:

Erstellen Sie zunächst ein Detailbauteil des Rollokastens (hier im Beispiel wurde dazu als Ausgangsfamilie die Datei „RK 36 Ziegel" verwendet, die in der (German) Metric Library unter 07.01.03 Rolladenblenden und – kästen zu finden ist.

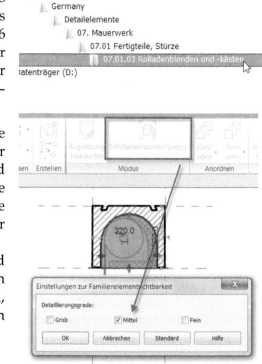

Beachten Sie dabei, dass die entsprechenden Elemente im der gewünschten Detailierungsgrad sichtbar werden. Überprüfen Sie dazu die Sichtbarkeitseinstellungen der Einzelnen Schraffuren/Detaillinien und ändern Sie sie ggf. ab oder fügen Sie entsprechende Grafiken hinzu, damit Sie ihren Anforderungen entsprechen.

Um den später im Projekt wechselnden Wandstärken gerecht zu werden gibt es im Prinzip zwei gute Lösungsansätze: Entweder Sie fügen schon im Detailbauteil einen entsprechenden Parameter für die Wandbreite ein und machen die Grafiken entsprechend flexibel, oder Sie gehen den Weg über die Familientypen. Sie müssen dann aber für jeden später möglichen Wandtypen eine gesonderte Familie erstellen und einfügen.

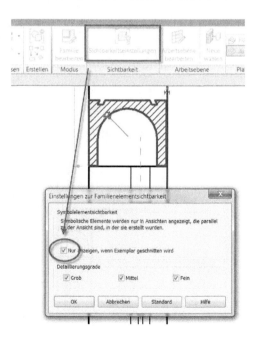

Speichern Sie diese Familie unter einem gesonderten Namen ab und laden Sie sie in eine entsprechende Fensterfamilie.

Platzieren Sie das Detailbauteil in eine Seitenansicht bzw. einen Schnitt (macht keinen Unterschied).

Markieren Sie das Objekt und rufen Sie die Sichtbarkeitseinstellungen auf.

Damit das Detail auch wirklich nur im Schnitt sichtbar wird, setzen Sie in der Dialogbox das entsprechende Häkchen.

Wenn Sie die Fensterfamilie nun in ein Projekt laden, wird das Detailbauteil wie Anfangs gezeigt im Schnitt abhängig vom Detaillierungsgrad sichtbar sein!

Verbesserungen der Performance

Im Vergleich zu anderen 3D – Programmen ist Revit in der Minimalkonfiguration relativ sparsam: Es ist durchaus möglich, schon mit 500MB RAM mit Revit zu starten. Allerdings gehen die Anforderungen an die Hardware mit der Größe und Komplexität des Projektes schnell nach oben, vor allem der Arbeitsspeicher wird dann schnell zur Schwachstelle.

Meine Einschätzung ist wie folgt:

Arbeitsspeicher <1GB: Das Projekt sollte ca. 50MB nicht überschreiten, das entspricht bei sparsamem Umgang der Familien einem Einfamilienwohnhaus.

Arbeitsspeicher bis 3,5GB (max. bei 32-bit Systemen): Das Projekt sollte 100-160MB nicht überschreiten. Bei arbeitsspeicherlastigen Aufgaben werden Sie eventuell schon ab 100MB Performanceschwierigkeiten bemerken. Die Größe entspricht in etwa einer mittleren Wohnanlage.

Arbeitsspeicher >3.5GB (64-bit Systeme): Projektgrößen jenseits der 200MB-Marke brauchen lange zum Laden bzw. Speichern. Dabei ist natürlich auch die Netzwerkgeschwindigkeit ein entscheidender Faktor, da meist in einer Netzwerkumgebung gearbeitet wird.

Trotz allem kann es durchaus schon bei kleineren Projekten zu merklichen Performanceverlusten kommen. Im Folgenden ist eine Aufzählung von Autodesk angeführt, mit meinen Anmerkungen ergänzt, was alles zur Verschlechterung bzw. Verbesserung der Performance beitragen kann.

Hinweis: Es wird weder möglich noch sinnvoll sein, alle diese Punkte innerhalb eines Projektes zu vermeiden. Diese Anmerkungen sind dazu gedacht, Performanceschwierigkeiten zu vermeiden oder ein langsames Projekt wieder schneller zu machen (oder zumindest zu verbessern).

6.1 Hardwarekomponenten

Festplatte:

- Wahlweise Verwendung von SCSI- oder SATA-Laufwerken
- Geschwindigkeit der Festplatte kann sich positiv auswirken, jedoch sind die Verbesserungen im Vergleich zu CPU-Geschwindigkeit und verfügbaren RAM relativ unbedeutend

- Die Windows Systemauslagerungsdatei sollte bei den minimalen und maximalen Einstellungen auf den gleichen Wert gesetzt werden um zu verhindern, dass Windows während einer Arbeitssitzung die Größe der Auslagerungsdatei verändert. Der Wert sollte das Doppelte der installierten RAM betragen.

- Regelmäßige Defragmentierung ist generell ein Faktor für Geschwindigkeit.

Grafikkarte:

- Sollte DirectX-9 oder höhere Versionen unterstützen sowie speziell für CAD-Anwendungen ausgelegt sein

- Integrierte Grafikunterstützung sollte vermieden werden, diese Systeme benutzen eher RAM als den Kartenspeicher

- Der Preis der Karte ist keine Garantie für eine gute Performance

- Revit-rendering profitiert nicht von der GPU der Grafikkarte und auch nicht von großem Grafik-RAM, 128MB-Karten gelten als ausreichend.

Hardwarebeschleunigung:

Um Direct3D voll auszunutzen, folgen sie diesen Schritten:

- Im Revit Menübrowser klicken Sie auf „Optionen"

- Wählen Sie den Tab "Grafik"

- Setzen Sie ein Häkchen bei "Hardwarebeschleunigung"

- Schließen Sie und starten Sie Revit neu

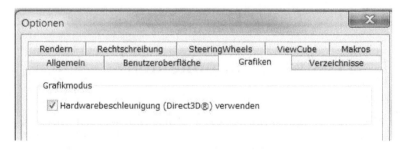

Speicher:

Installierter Arbeitsspeicher:

- Empfohlenes Minimum ist 1 GB (mit 500MB lauffähig), min. 4GB werden empfohlen. Je größer und komplexer die Modelle werden, um so mehr RAM werden benötigt

- Die Menge des lokal benötigten RAM ist näherungsweise die 20-fache Größe ihres gespeicherten (komprimierten) Projektfiles.

- Dual-channel RAM (wie 1066er Typen) führen zu Performanceverbesserugen

- Bei Windwos 7 sind min. 8GB empfehlenswert, 16 wäre besser bei größeren Projekten

Management:

- Da Revit Hauptdaten des Projekts in Zwischenspeichern ablegt, um die Geschwindigkeit bei wiederholtem Datenzugriff zu erhöhen, empfiehlt es sich bei größeren Veränderungen am Projekt, ein- bis zweimal täglich einen Neustart durchzuführen, damit der Hauptspeicher geleert wird. Insbesondere vor Ausführung von Ausdrucken, Renderings, Exporten und Upgrade von Plänen auf die aktuelle Revitversion.

- Außerdem kann vor Ausführung der genannten Operationen die Performance erhöht werden durch: Schließen anderer Applikationen, Ausschalten nicht benötigter Schattenwürfe in den Druckansichten, Trennen von lokalen Kopien vom Hauptfile (Vorsicht: Änderungen werden dann nicht mehr im Hauptfile gespeichert!)

Optimierung des Betriebssystems:

Die Größe der Auslagerungsdatei hat direkten Einfluss auf die Geschwindigkeit, sie sollte möglichst doppelt so groß wie der installierte RAM sein.

Zur Einstellung folgen sie diesen Schritten:

- Im Windows Startmenü klicken Sie „Systemsteuerung –> System"

- Wählen Sie den Reiter „Erweitert"

- Unter „Systemleistung" klicken Sie „Einstellungen", hier klicken Sie „virtueller Arbeitsspeicher → ändern"

- Setzen Sie die Anfangs- und die Endgröße auf 4092 (bei einem 2GB-Rechner)

- Klicken Sie „Festlegen" und schließen Sie den Dialog mit „ok"

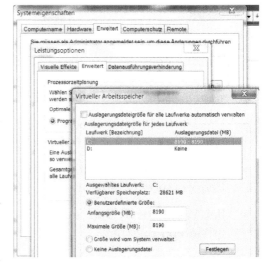

- Klicken Sie „Übernehmen"

- Klicken Sie den Reiter „Visuelle Effekte", wählen Sie „Benutzerdefiniert". Entfernen Sie die Häkchen bei „Menüs in Ansicht ein- bzw. ausblenden", „Fensterinhalt beim Ziehen anzeigen" sowie „Offene Kombinationsfelder einblenden"

- Klicken Sie „Übernehmen"

- Klicken Sie „OK" um alle Dialoge zu schließen.

6.2 Softwarekomponenten

Generell kann die Leistung von folgenden Komponenten eines Projektes beeinflusst werden:

- Komplexe Geometrien

- Vielfältige parametrische Verknüpfungen

- Vielfältige Abhängigkeiten

- Verlinkte Files

Gruppen:

Gruppen werden benutzt um Objekte zu kopieren und zu verbinden.

Wenn eine Gruppe genutzt wird, kann die Leistung verbessert werden, indem die Gruppe aufgelöst wird und parametrische Verknüpfungen auf die kopierten Objekte zurück  übertragen werden. Das gleiche Ergebnis erzielt man, indem man die Option GRUPPIEREN UND VERBINDEN vor der Erstellung der Gruppe (in der Reihenfunktion) deaktiviert.

Abhängigkeiten:

Eine möglichst geringe Anzahl von Abhängigkeiten vermeidet "Geometrie kann nicht verbunden bleiben" - Fehlermeldungen. Das Mitführen der getrennten Verbindungen kostet Performance! Meiden Sie daher solche unnötigen Verbindungen bzw. trennen Sie sie ggf. auf.

Zeichnungsvarianten:

- Beschränken Sie die Benutzung von Räumen in den Zeichenoptionen auf das Notwendigste, um zu vermeiden, dass unnütz Prozessorleistung zur Erkennung von Raumkonflikten aufgewendet wird.

- Benutzen Sie einzelne Projekte für verschiedene Varianten von Gebäudeteilen

- Sichern Sie Zeichnungsvarianten nur so lange, wie sie für das Projekt sinnvoll sind, auch unsichtbare, inaktive Optionen werden bei Änderungen upgedatet um die Konsistenz des Projektes zu gewährleisten.

- Überlegen Sie, ob langfristig benötigte Zeichnungsvarianten in separaten Projekten - die bei Bedarf verlinkt werden können - abgelegt werden können

DWG-Files:

- Minimieren Sie die Anzahl der verlinkten oder importierten DWG-Files

- Vermeiden Sie Import von unnötigen Daten wie z.B. AutoCAD-spezifische Konstruktionslinien. Löschen Sie unnötige Teile und Layer im AutoCAD-file und importieren Sie nur das kleinere DWG

- Vermeiden Sie, die Geometrien einer DWG aufzulösen, da Revit infolgedessen je nach Anzahl der Objekte der DWG eventuell tausende Elemente verwalten müsste

- Verlinken Sie nur unentbehrliche DWGs in den notwendigen Ansichten

- Schalten Sie die Sichtbarkeit von 2D-AutoCAD-DWGs, die nicht parallel zur Ansicht liegen, aus. DWG, die im Grundriss sichtbar ist, sollte in der Seitenansicht ausgeschaltet sein, da Revit sonst kollineare Linien anzeigt.

Familienerstellung:

- Erstellen Sie eine externe Familie anstatt einer internen Familie für sich wiederholende Bauteile. Kopieren einer internen Familie führt jedes Mal zu einem neuen Exemplar.

- Schränken Sie die Nutzung von Detail-, geschachtelten und parametrisierten Familien auf notwendige Fälle ein.

- Familien beanspruchen weniger Ressourcen als Gruppen, benutzen Sie also - wo immer möglich - Familien.

- Vermeiden Sie möglichst die Nutzung von Gruppen und Formeln innerhalb der Familien.

- Modellieren Sie nur die wirklich benötigten Bauteile in 3D. Benutzen Sie Symbollinien und maskierte Bereiche statt Geometrien in orthogonalen Ansichten.

- Benutzen Sie parametrische Familien nur wenn nötig, da sie den Rechner weit mehr belasten als statische Familien.

- Objekte, die nicht in der 3D – Ansicht erscheinen, sollten wenn möglich nur als 2D – Objekte gezeichnet werden (z.B. Sturz für Fenster). 2D – Objekte sind um ca. 20% kleiner als die 3D Versionen. Bei einem Projekt summiert sich also der Speicheraufwand erheblich.

Import und Verlinkung:

- Löschen Sie alle Links auf Typen, die Sie nicht benutzen. Laden Sie die Links nur dann, wenn Sie sie benötigen, um den Speicherbedarf beim Laden eines Projektes zu minimieren

- Bei Versionsupgrades benötigen RVT-Links viel Speicher. Löschen Sie möglichst vor dem Upgrade des Hauptfiles die RVT-Links.

- Bei sehr großen Projekten kann es von Nutzen sein, es in getrennte Projektdateien zu zerlegen und diese in einer Hauptdatei zu verlinken. Einzelne Teile könnten sein: Einzelne Gebäude, Gebäudekern, Gebäudehülle, Einrichtungen, Außenanlagen, Parkstrukturen

- Files, die gemeinsam genutzte Koordinaten verwenden, sollten nur verlinkt werden, Files, die Projektkoordinaten verwenden, können auch importiert werden.

Ökonomisches Modellieren:

- Verzichten Sie auf geometrische Details die bei der gewählten Skalierung des Ausdrucks unsichtbar sein werden (z.B. Schichten des Fußbodenaufbaus)

- Bevor Wand-, Dach-, Fenster- und Türtypen festgelegt sind sollten Sie die Grundtypen dieser Elemente verwenden, da diese weniger Geometrien beinhalten. Bedenken Sie auch bevor Materialien oder andere Eigenschaften ins Modell aufgenommen werden, dass der Grundtyp Wand für manche Projektteile völlig ausreicht.

- Aus der Anwendungspraxis hat sich ergeben dass es günstig ist, große Projekte in mehrere Dateien um die 200MB (100-160MB bei 32-bit Systemen) zu zerlegen und zu verlinken. Am besten arbeitet man mit dieser Vorgehensweise, wenn man an einer Datei arbeitet und währenddessen die anderen Links deaktivieren kann.

- Beschränken Sie die Verwendung verbundener Geometrien auf das Notwendigste.

- Löschen Sie unbenutzte Flächenpläne

- Vermeiden Sie es, unnötige Gruppen beizubehalten

- Säubern sie ungenutzte Objekte, erstellen Sie jedoch vorher ein backup

- Prüfen Sie regelmäßig die Warnungen

Projektvorlagen:

Vermeiden Sie es, Projektvorlagen mit einer großen Anzahl von Familien anzufüllen. Bevorzugen sie eher minimalistische Vorlagen.

Geländer:

- Vermeiden Sie die Verwendung von Zäunen oder anderen Abgrenzungssystemen oder schränken Sie zumindest deren Sichtbarkeit ein. Die Anzahl der Linien um jedes Zaunelement zu generieren beeinflusst durchaus die Performance

- Ist ein längeres Geländer notwendig modelliert man besser eine vereinfachte Darstellung

Pixelbilder:

- Entfernen Sie nicht benötigte Rasterbilder und Renderings

- Monochrome Rasterbilder sind kleiner als farbige. Speichern sie schwarz-weiß Bilder im „1 bit pro pixel"- Format anstatt jpg oder tif

- Speichern Sie wenn möglich die Rasterbilder immer extern, da sich die Größe des Bildes direkt auf die Größe des Projektes auswirkt

Upgrade verlinkter Projekte auf neuere Revitversionen:

- Benennen Sie alle Hauptdateien vorübergehend um. Revit wird nun die Links nicht upgraden, da die umbenannten Dateien nicht gefunden werden

- Nach dem Upgrade aller Hauptdateien benutzen Sie den Befehl "Speichern unter" um zum ursprünglichen Dateinamen zurückzukehren

- Upgraden Sie nun für jede Hauptdatei die verlinkten Dateien

Ansichten:

- Bevor sie eine Datei schließen, halten Sie nur noch eine einfache Entwurfsansicht geöffnet (z.B. eine Zeichenansicht). Dies beschleunigt das Speichern und anschließende Öffnen der Dateien

194

- Minimieren Sie die Ansichtstiefe wo immer es möglich ist

- Bevorzugen Sie Zuschneidebereiche um die Menge von zur Ansicht gehörenden Geometrien zu reduzieren

- Benutzen Sie den 3D Schnittbereich um die sichtbaren Geometrien in der 3D-Ansicht einzuschränken

- Minimieren sie die Menge der Ansichten. Wenn Modelle verlinkt werden ist es von Nutzen so viele Ansichten des Modells wie möglich zu löschen

- Benutzen Sie die Darstellungsformen "Drahtmodell" und "Schattierte Ansicht" wenn sie in einer verlinkten Dateiumgebung arbeiten. Diese sind 3x schneller als "Unsichtbare Linien" oder "Schattiert mit Kanten"

- Vermeiden Sie das Verbergen großer Mengen von Einzelelementen. Verwenden Sie wenn möglich „Kategorie ausblenden"

- Zoomen Sie um das Zeichnen und Fangen zu beschleunigen

- Haben Sie eine sehr beschränkte Ansicht und die Fangpunkte scheinen in alle Richtungen zu schießen, klicken Sie "Verwalten -> Einstellungen -> Fang" und entfernen Sie den Haken bei "Entfernte Objekte fangen"

- Schließen Sie unbenötigte Fenster. Wenn Sie in der 3D-Ansicht arbeiten ist der Großteil der Datei im RAM abgelegt. Genauso sollten diese Ansichten beim Speichern der Hauptdatei geschlossen werden, da diese komplexe Ansicht als Teil des Speicherprozesses regeneriert werden muss

- Alle Änderungen des Modelles werden in allen geöffneten Ansichten geändert, daher ist es günstiger, nicht benötigte Ansichten zu schließen. Benutzen Sie dazu den Befehl „Verdeckte Fenster schließen"

- Wählen Sie für jede Ansicht im Projekt den minimal benötigten Detaillierungsgrad. Je höher der Detaillierungsgrad, desto mehr Geometrien müssen berechnet werden

- Aktivieren Sie die Schatten nur wenn nötig. Die Schattenberechnung benötigt sehr viel Ressourcen

- Ansichten mit aktiviertem Schatten benötigen eine große Menge an Daten und somit auch mehr Zeit

Raumvolumina und –flächen:

- Sie können, um Ressourcen zu schonen, die Berechnung von Raumvolumina in verlinkten Projekten deaktivieren, falls diese nicht benötigt werden. Sie finden die Option als einen Parameter in den Typeneigenschaften des verlinkten Projektes

- Warnungen bezüglich überlappender Raumvolumen sollten umgehend gelöst werden, da diese die Performance belasten. Dies gilt ebenso für überlappende Wände und Raumtrennungen. Um kollidierende Linien schnell zu lokalisieren, kann eine Ansicht generiert werden, in der nur die Kategorie Wand und Raum bzw. Raumtrennungen sichtbar sind. Stellen Sie diese Ansicht auf den Stil „Drahtmodell". Stellen Sie bei Bedarf den Linienstil der Raumtrennungen auf z.B. magenta und dick, um diese Linien gut erkennen zu können

- Legen Sie die Räume und die Raumtrennungslinien im gleichen Bearbeitungsbereich an

- Fassen Sie Räume, die über mehrere Ebenen gehen, zu einem Raum zusammen. Somit müssen weniger Räume berechnet werden, als wenn diese in jeder Ebene einzeln angelegt wären

- Lassen Sie die Berechnung der Raumvolumina ausgeschaltet, solange sie nicht gebraucht werden. Die Berechnung kann benötigt werden für:

- Die Ausgabe der Volumen in Bauteillisten

- Den Export eines gbXML-Files

- Die Ausführung von Gebäudeanalysen

Um die Performance nicht unnötig zu belasten, ist in der Standardvorlage die Volumenberechnung ausgeschaltet. Um sie zu aktiveren, gehen Sie unter der Rubrik „Start" auf den Befehl „Flächen- und

Volumenberechnungen" und aktivieren Sie das entsprechende Feld.

Bearbeitungsbereiche:

- Wenn die Multiuserumgebung aktiviert ist, können Elemente zu einzelnen Bearbeitungsbereichen zugewiesen werden. Um die Performance eines Projektes zu verbessern, können solche Bearbeitungsbereiche ausgeblendet werden, sofern sie nicht zur momentanen Bearbeitung benötigt werden. Elemente einer Ansicht, die in einem ausgeblendeten Bearbeitungsbereich liegen, müssen von Revit nicht berechnet werden, obwohl Änderungen, die diese Bauteile betreffen weitergegeben werden

- Bei einem Upgrade zur aktuellen Version werden von Revit alle Bearbeitungsbereiche geöffnet, daher kann bei diesem Vorgang die Performance durch ausblenden von Bearbeitungsbereichen nicht positiv beeinflusst werden

- Wenn Sie ein Revit-Projekt mit verlinkten Dateien zu einer neueren Version updaten wollen, ist es evtl. hilfreich, wenn Sie die Zentraldateien vorher umbenennen. Das Projekt wird daraufhin die Verlinkungen nicht mehr finden. Speichern Sie die neue Datei unter dem ursprünglichen Namen wieder ab, so werden die Links wieder erkannt

7

Anhang Tabellen

7.1   Familienvorlagen

Datei/Ordner	Beschreibung	Schneidbar
Beschriftungstext	Alle Arten von Beschriftungskategorien (nicht für Notizen!)	
Entwurfskörper	Spezielle Familie für Entwurfskörper	x
Planköpfe	Für Planrahmen	
Fassadenelement nach Muster, metrisch.rft	Für Fassadenelemente bei Entwurfskörpern	x
M_Bepflanzung.rft	spezielle Darstellungsmöglichkeiten beim Rendern	
M_Detail (Linie).rft	Für Linienbasierte Details, nur 2D Geometrien!	
M_Detail.rft	Für Detailbauteile, nur 2D!	
M_Elektrogeräte.rft		
M_Elektroinstallation (Decke).rft	Deckenbasiert	
M_Elektroinstallation (Wand).rft	Wandbasiert	
M_Elektroinstallation.rft		
M_Fassadenelement.rft	Kann sich automatisch zwischen Fassadenrasterlinien aufspannen, automatischer Flächenparameter jedoch keine Volumenberechnung	x
M_Fenster (Fasche).rft	Wie Fenster, nur Faschen-Dummy schon mit angelegt	x
M_Fenster (Fassade).rft	speziell für Fassaden	x
M_Fenster.rft	allgem. Fenster	x
M_Fundament.rft	Für Einzelfundamente, automatischer Volumenparameter	x

Datei/Ordner	Beschreibung	Schneidbar
M_Geländer (Füllung).rft	Für komplexe Füllungen	x
M_Geländer (Pfosten).rft	Für komplexe Geländerpfosten	x
M_Geländer.rft	allgem. Geländerpfosten	x
M_Generisches Modell (Dach).rft	Bauteilabhängige Gen. Modelle	x
M_Generisches Modell (Decke).rft	dto	x
M_Generisches Modell (Fläche).rft	dto	x
M_Generisches Modell(Geschossdecke).rft	dto	x
M_Generisches Modell (Linie).rft	dto, linienbasiertes Bauteil	x
M_Generisches Modell (Wand).rft	dto	x
M_Generisches Modell.rft	Gen. Modelle tauchen allgem. nicht in Batueillisten auf	x
M_Grundstück.rft		x
M_Lichtquelle (Decke).rft	Lichtquellen leuchten ggf. im Rendering, haben entsprechende Fotometrische Daten hinterlegt	
M_Lichtquelle (Wand).rft		
M_Lichtquelle Linear(Decke).rft		
M_Lichtquelle Linear(Wand).rft		
M_Lichtquelle Linear.rft		
M_Lichtquelle Punktförmig (Wand).rft		
M_Lichtquelle Punktförmig(Decke).rft		
M_Lichtquelle Punktförmig.rft		
M_Lichtquelle.rft		

Datei/Ordner	Beschreibung	Schneidbar
M_Mechanische Geräte (Decke).rft		
M_Mechanische Geräte (Wand).rft		
M_Mechanische Geräte.rft	spezielle Haustechnik Parameter vordefiniert	
M_Möbel.rft	Nicht schneidbar!	
M_Möbelsystem.rft		
M_Parkplatz.rft		
M_Profil (Fuge).rft	für Wandfugen	
M_Profil (Handlauf).rft	Geländer	
M_Profil (Pfosten).rft	Geländer	
M_Profil (Sweep).rft	Allgem. Sweeps	
M_Profil (Trittüberstand).rft	Treppen	
M_Profil.rft	Profile sind nur 2D Geometrien, die im Bauteil extrudiert werden. Profile können nur zusammen mit Systemfamilien verwendet werden.	
M_RPC Familie.rft	speziell für Bauteile mit "RPC" Technik	
M_Sanitärinstallation (Wand).rft		
M_Sanitärinstallation.rft	spezielle Parameter für Haustechnik (Anschlüsse) schon vordefiniert	
M_Schreinerarbeiten (Wand).rft		x
M_Schreinerarbeiten.rft		x
M_Skelettbau (Unterzüge und Träger).rft	linienbasierte, liegende Bauteile	x
M_Skelettbau.rft	allgem. Tragwerksteil, atum. Volumenparameter	x

Datei/Ordner	Beschreibung	Schneidbar
M_Sonderausstattung (Wand).rft		
M_Sonderausstattung.rft	allg. Fam.	
M_Stütze.rft	"Architektonische Stütze", kein Volumen, kein Tragwerksparmeter	x
M_Tragwerksstütze.rft	Volumenparameter und Parameter für Statische Auswertung	x
M_Tür (Fassade).rft	Für Fassade	x
M_Tür.rft	allgem. Tür	x
M_Umgebung.rft		
Metrische Fachwerkbinder.rft	Spezielle Familie für Definition von Fachwerkträger mit Ober/Untergurt. Wird nur als Liniengrafik definiert, im Projekt wird dann die "Füllung" festgelegt.	x

7.2 Parametertypen und ihre Einheiten

Parametertyp	Englische Bezeichnung	Gültige Einheiten
ALLGEMEIN		
Text	text	other
Ganzzahl	integer	other
Zahl	number	other
Länge	length	millimeters
		centimeters
		meters

Parametertyp	Englische Bezeichnung	Gültige Einheiten
Fläche	area	square_millimeters
		square_centimeters
		square_meters
		hectares
Volumen	volume	cubic_millimeters
		cubic_centimeters
		cubic_meters
		liters
Winkel	angle	degrees
Neigung	slope	slope_degrees
		percentage
Währung	currency	other
URL	url	other
Material	material	other
Ja/Nein	yes/no	other
Familientyp	family_type	other
TRAGWERK		
Last	force	newtons
		decanewtons
		kilonewtons
		meganewtons
Streckenlast	linear_force	newtons_per_meter
		decanewtons_per_meter
		kilonewtons_per_meter
		meganewtons_per_meter

Parametertyp	Englische Bezeichnung	Gültige Einheiten
Flächenlast	area_force	newtons_per_square_meter decanewtons_per_square_meter kilonewtons_per_square_meter meganewtons_per_square_meter
Moment	moment	newton_meters decanewton_meters kilonewton_meters meganewton_meters
Lineares Moment	linear_moment	newton_meters_per_meter decanewton_meters_per_meter kilonewton_meters_per_meter meganewton_meters_per_meter
Spannung	stress	newtons_per_square_meter decanewtons_per_square_meter kilonewtons_per_square_meter meganewtons_per_square_meter
Wichte	unit_weight	kilonewtons_per_cubic_meter
Wärmedehnungskoeffizient	thermal_expansion_coefficient	inverse_degrees_celsius
Punkt-Federkoeffizient	point_spring_coefficient	newtons_per_meter decanewtons_per_meter kilonewtons_per_meter meganewtons_per_meter
Linien-Federkoeffizient	line_spring_coefficient	newtons_per_square_meter decanewtons_per_square_meter kilonewtons_per_square_meter meganewtons_per_square_meter
Flächen-Federkoeffizient	area_spring_coefficient	kilonewtons_per_cubic_meter
Rotationspunkt-Federkoeffizient	rotational_point_spring_coefficient	kilonewtons_per_degree
Rotationslinien-Federkoeffizient	rotational_line_spring_coefficient	kilonewtons_per_degree_per_meter

Parametertyp	Englische Bezeichnung	Gültige Einheiten
Bewehrungsvolumen	reinforcement_volume	cubic_millimeters
		cubic_centimeters
		cubic_meters
Bewehrungslänge	reinforcement_length	millimeters
		centimeters
		meters
ELEKTRO		
	electrical_luminance	candelas_per_squaremeters
		footlamberts
Beleuchtungsstärke	electrical_illuminance	lux
Lichtstrom	electrical_luminous_flux	lumens
Lichtstärke	electrical_luminous_intensity	candelas
		lumens
Wirkungsgrad	electrical_efficacy	lumens_per_watt
Wattzahl	electrical_wattage	watts
		kilowatts
		calories_per_second
		kilocalories_per_second
		volt_amperes
		horsepower
Farbtemperatur	color_temperature	Fahrenheit
		Celsius
		Kelvin
		Rankine
	electrical_temperature	Fahrenheit
		Celsius

Parametertyp	Englische Bezeichnung	Gültige Einheiten
		Kelvin
		Rankine
MEP		
	electrical_demand factor	Percentage
	electrical_power	watts
		kilowatts
		calories_per_second
		kilocalories_per_second
		volt_amperes
		horsepower
	electrical_power_density	watts_per_squarefoot
		watts_per_squaremeter
	electrical_apparent_power	watts
		kilowatts
		calories_per_second
		kilocalories_per_second
		volt_amperes
		horsepower
	electrical_current	amperes
		milliamperes
	electrical_potential	volts
		kilovolts
		millivolts
	electrical_frequency	hertz
		cycles_per_second

Parametertyp	Englische Bezeichnung	Gültige Einheiten
	pipe_size	inches
		feet
		millimeters
		centimeters
		meters
	piping_roughness	inches
		feet
		millimeters
		centimeters
		meters
	piping_volume	cubic_inches
		cubic_feet
		cubic_millimeters
		cubic_centimeters
		cubic_meters
		cubic_yards
		liters
		gallons
	piping_pressure	pascals
		kilopascals
		megapascals
		pounds_force_per_square_inch
		inches_of_mercury
		millimeters_of_mercury
		atmospheres
		bars
		feet_of_water
	piping_friction	pascals_per_meter
		feet_of_water_per_100ft

Parametertyp	Englische Bezeichnung	Gültige Einheiten
	piping_density	kilograms_per_cubic_meter
		pounds_mass_per_cubic_foot
		pounds_mass_per_cubic_inch
	piping_temperature:	fahrenheit
		celsius
		kelvin
		rankine
	piping_velocity	meters_per_second
		feet_per_second
	piping_flow	liters_per_second
		cubic_meters_per_second
		cubic_meters_per_hour
		gallons_us_per_minute
		gallons_us_per_hour
	piping_viscosity	pascal_seconds
		pounds_mass_per_foot_second
		centipoises
		pounds_mass_per_foot_hour
	piping_slope	slope_degrees
		ratio12
		ratio10
		percentage
	hvac_duct_size	inches
		feet
		millimeters
		centimeters
		meters

Parametertyp	Englische Bezeichnung	Gültige Einheiten
	hvac_cross_section	square_inches
		square_feet
		square_millimeters
		square_centimeters
		square_meters
		acres
		hectares
	hvac_roughness	inches
		feet
		millimeters
		centimeters
		meters
	hvac_pressure	inches_of_water
		pascals
		kilopascals
		megapascals
		pounds_force_per_square_inch
		inches_of_mercury
		millimeters_of_mercury
		atmospheres
		bars
	hvac_energy	british_thermal_units
		calories
		kilocalories
		joules
		kilowatt_hours
		therms

Parametertyp	Englische Bezeichnung	Gültige Einheiten
	hvac_friction	inches_of_water_per_100ft
		pascals_per_meter
	hvac_density	kilograms_per_cubic_meter
		pounds_mass_per_cubic_foot
		pounds_mass_per_cubic_inch
	hvac_power	watts
		kilowatts
		british_thermal_units_per_second
		british_thermal_units_per_hour
		calories_per_second
		kilocalories_per_second
	hvac_heat_gain	watts
		kilowatts
		british_thermal_units_per_second
		british_thermal_units_per_hour
		calories_per_second
		kilocalories_per_second
	hvac_power_density	watts_per_square_foot
		watts_per_square_meter
	hvac_temperature	fahrenheit
		celsius
		kelvin
		rankine
	hvac_velocity	feet_per_minute
		meters_per_second
		centimeters_per_minute

Parametertyp	Englische Bezeichnung	Gültige Einheiten
	hvac_air_flow	cubic_feet_per_minute
		liters_per_second
		cubic_meters_per_second
		cubic_meters_per_hour
		gallons_us_per_minute
		gallons_us_per_hour
	hvac_slope	slope_degrees
		ratio12
		ratio10
		percentage
	hvac_viscosity	pascal_seconds
		pounds_mass_per_foot_second
		centipoises
		pounds_mass_per_foot_hour
	hvac_heating_load	watts
		kilowatts
		british_thermal_units_per_second
		british_thermal_units_per_hour
	hvac_cooling_load	watts
		kilowatts
		british_thermal_units_per_second
		british_thermal_units_per_hour
	hvac_heating_load_divided_by_area	watts_per_square_meter
		watts_per_square_foot
		dut_british_thermal_units_per_hour_square_foot

211

Parametertyp	Englische Bezeichnung	Gültige Einheiten
	hvac_cooling_load_divided_by_area	watts_per_square_meter
		watts_per_square_foot
		dut_british_thermal_units_per_hour_square_foot
	hvac_heating_load_divided_by_volume	watts_per_cubic_meter
		watts_per_cubic_foot
	hvac_cooling_load_divided_by_volume	watts_per_cubic_meter
		watts_per_cubic_foot
	hvac_area_divided_by_heating_load	cubic_square_meters_per_kilowatts
		square_feet_per_thousand_british_thermal_units_per_hour
	hvac_area_divided_by_cooling_load	cubic_square_meters_per_kilowatts
		square_feet_per_ton_of_refrigeration
	hvac_airflow_divided_by_volume	liters_per_second_cubic_meter
		cubic_feet_per_minute_cubic_foot
	hvac_coefficient_of_heat_transfer	watts_per_square_meter_kelvin
		british_thermal_units_per_hour_square_foot_fahrenheit
	hvac_airflow_density	liters_per_second_square_meter
		cubic_feet_per_minute_square_foot
	hvac_airflow_divided_by_cooling_load	liters_per_second_kilowatts
		cubic_feet_per_minute_ton_of_refrigeration

7.3 Rechenoperationen

Bezeichnung	Schreibweise	Beispiel
Addition	+	2+3
Subtraktion	-	5-2
Multiplikation	*	15/3
Division	*	2*3
Potenzen	^	2^3
Logarithmus	log	log(3)
Quadratwurzel	sqrt	sqrt(2)
Sinus	sin	sin(30)
Kosinus	cos	cos(30)
Tangens	tan	tan(30)
Arkussinus	asin	asin(30)
Arkuskosinus	acos	acos(30)
Arkustangens	atan	atan(30)
Exponent zur Basis e	exp	exp(3)
Absoluter Wert	abs	abs(-3)
π	pi()	pi()*1.5^2
Abrunden	abrunden	abrunden (3.9)
Aufrunden	aufrunden	aufrunden (3.1)

Index